ナンバのコーチング論

次元の違う「速さ」を獲得する

織田淳太郎

光文社新書

目次

第4章　ナンバの極意と忍術

写真撮影　高山浩数／藤原浩司／竹林美香
写真提供　日刊スポーツ新聞社／共同通信社／AFLO　FOTO／毎日新聞社／フォート・キシモト／野島出版

プロローグ

私は２００２年12月に『コーチ論』を、２００３年11月には共著によって『ナンバ走り』を、いずれも光文社新書から上梓した。

『コーチ論』は今日までのスポーツトレーニングの〝常識の嘘〟を暴く一方で、古武術の身体技法や最新の運動理論を紹介したものだが、コーチングの総体論であったため、「走り」に割いたページは必然的に制約された。

古武術の動きを応用した身体操作の数々を紹介した『ナンバ走り』にしても、そのタイトルを裏切るように、「走り」に関する記述はそれほど多くない。

そこで、本書の登場である。

『次元の違う「速さ」を獲得する』のサブタイトルが示すように、本書は「いかに速く走るか」を主なテーマとしたノンフィクションであり、そのための技術書でもある。

「速さ」を獲得するための方法論に関しては、最新のスポーツ科学である「二軸（常歩《なみあし》）理論」からのアプローチを中心に展開しているが、それ以外に忍術や中国武術、さらに今流行《はや》りのナンバ的な身体運用法からのアプローチも加えている。

また、それに伴ってジャスティン・ガトリン（アテネ五輪陸上男子100メートル金メダリスト）、モーリス・グリーン（陸上男子100メートル前世界記録保持者）、末續《すえつぐ》慎吾（2003年陸上世界選手権男子200メートル銅メダリスト）などのスプリンター、さらには野口みずき（アテネ五輪女子マラソン金メダリスト）、ポーラ・ラドクリフ（女子マラソン世界最高記録保持者）など長距離トップランナーの走りの秘密にも迫っており、本書を読み進めていくうちに、読者はこれまでいかに非効率的な走りを体育教育によって強要されてきたかを痛感することになるだろう。

もっとも、「走り」は、ただ単に「走ること」だけで完結することはない。本書の特徴のひとつは、合理的かつ効率的な「走り」と、野球や剣道、ボクシング、バスケットボールなど他のスポーツパフォーマンスとの密な関連の一端を明らかにしていることである。

ちょうど、福岡ダイエーホークス（2004年11月現在）の左腕エース・和田毅がランニングフォームの中から今日におけるピッチング形態を確立させたように（第1章参照）、「走り」があらゆるスポーツのパフォーマンス向上への鍵を握っていることは、もはや疑いようのない事実である。

そういう意味で、本書は「走り」の身体運用法における専門書としてだけでなく、「走り」からのアプローチによるスポーツ全般のコーチング論という側面も有しているかもしれない。また、世間的認知を勝ちとりつつある「ナンバ」という言葉。最近においてはその定義そのものが妙に拡散してしまったところもあるが、本書では演劇評論家や忍術研究家、身体運用研究家などの協力を得て再度の検証を行っている。

特に第5章で展開する「ナンバ論」は、今日における一般的な解釈を根底から覆すものである。いわば、日本特有のものと解釈されている「ナンバ」が、むしろ諸外国で顕著に見られることを紹介しつつ、その本質が「失われた躍動感の奥に潜む煮えたぎるマグマ」とも言うべきダイナミックな要素を有しているという〝事実〟を指摘している。

私自身、この検証はかなりの核心をついたものだと思っている。また、それによって「ナンバ走り」の本質にも、ある程度迫ることができたのではないか、と自負している。

話は変わるが、２００４年2月中旬から約1カ月間、私は東京の煩雑な環境を離れると、北海道南部の伊達市に一人住む、90歳になる伯母の家に身を寄せた。

癌に倒れた札幌の恩人をときおり見舞う以外、特に当地に用事があったわけではない。観光目的での長期滞在でもなかった。

どちらかと言うと、私にとって祖母のような感覚に近い伯母。その大好きな伯母との安穏とした生活の中で、原稿執筆の思案に明け暮れたいという欲求に従っただけだった。

今考えると、あのころの私は、まったく自由だった。北海道にいるという理由だけで、突発的な原稿依頼や酒の誘いを断ることができたし、義務感や使命感からの解放という〝珠玉の時〟に身を横たえることもできた。

気ままに生きたそんな時期、私が日課にしていたのが海を見に行くことだった。伯母の家から歩いて数分のところに、私が幼少期に戯れた浜辺がある。

そこから望む太平洋の海は、夕景の紅色に映え、とてつもなく美しい。晩冬という季節にあって、ときに海は猛吹雪に晒《さら》されたが、荒れ狂うその波浪の中にも、勇壮な美が余すところなく映し出されていた。

私は日に何度も海を眺めに行った。ひどい吹雪の日も防寒具に身を包み、海へと足を運んだが、その度にある生き物たちの存在に目が留まった。

ウミネコの群れである。

よく晴れ渡った日も、風雪厳しい悪天候の日も、彼らは海辺に集《つど》い、天空で遊んでいた。一際興味を惹《ひ》かれたのは、その飛翔ぶりだった。天空を舞い、波間に憩う彼らには、ほとんど抵抗感というものがなかった。「ただ風の絨毯《じゅうたん》の上を漂う」という表現が適切かもしれない。

直線的な飛翔に関して、彼らは風をそのまま前方への推進力に変えていた。それも、追い風だけでなく、強い向かい風さえも、簡単に推進力へと転化してしまう。そこには、努力感を放棄し、適度にリラックスすることによって、風を〝友〟とする彼らの叡智《えいち》を垣間見ることができる。

ある強風吹きすさぶ、悪天候の昼下がりだった。ウミネコの一群が逆風に身を任せながら、私の頭上を飛び去る様《さま》を眺めていると、その最後尾に一羽の黒い鳥が混じっているのに気がついた。

カラスだった。

彼は掠《かす》れた切ない声を張り上げながら、必死になって羽ばたいていた。優雅にして滑るような飛翔を見せるウミネコの群れ。それとは対照的に努力感を前面に押し出しながらウミネコの群れに食らいついていこうとするカラス。哀れにも彼は、群れのスピードについていけず、やがて波間の彼方《かなた》に一羽残されてしまった。このカラスの姿はどことなく私たち人間のそれを思い出させた。

「歯を食いしばり、頑張る」ことで目標を達成しようとする姿勢。努力感の表出を何よりも賞賛する社会通念としての生き方の投影である。

逆境の状況下において、これまで私たちはリラックスし、身を委ねることに対して、あまりにも大きな抵抗感を抱いてきた。つまり、「在《あ》るがままでいる」ことへの根強い罪悪感である。

「頑張る（力む）」ことが自己向上への唯一の道だという思い込み。それが能力を削ぎ落とす一因になるかもしれないという可能性さえ受け入れず、私たちはひたすら歯を食いしばって、この世を生き長らえてきた。それが、固定的観念として私たちが抱いてきた道徳であり、教育であり、人生の意味であったことは、少なくとも否定できない。

だが、この姿勢が私たちの希望や目標を、すべてにおいて満たしてくれたのか。あるいは、私たちのすべてを幸せにしてくれたのか。

残念ながら否である。頑強な意志の貫徹によって目標を達成する人がいる一方で、徒労感とストレスだけを残して挫折の苦渋を味わう人も少なくない。そして、この事実は一般の生活だけに当てはまるものではないだろう。

スポーツにおいても、それは顕著である。たとえば、マラソン。東京五輪（１９６４年）で円谷幸吉が失神寸前で銅メダルのゴールに辿《たど》り着いたように、かつてのマラソンランナーには42・１９５キロでスタミナを使い果たすという傾向があった。私たちにしても、体育教育や部活動によって、根性論を拠《よ》り所とした「走り」を教え込まれてきた。

しかし、今日のトップランナーの特徴は、余力を残して優勝のゴールテープを切るというものである。シドニー五輪の高橋尚子やアテネ五輪の野口みずきが、歓喜の笑顔で優勝のゴールテープを切ったように、そこには苛酷なレースにおけるエンターテインメント的な余裕さえ見ることができるだろう。しかも、スピードやタイムは、昔のそれをはるかに凌駕《りょうが》している。

ある意味、その理由は単純である。科学的、生理学的な根拠に基づいたトレーニング法や体調管理法も重要だが、最も大きな理由は、肉体的負担を極力軽減させた「楽な」走りの形態の中にある。言葉を換えれば、根性主義に依存しない、自然体への追求がその根底に流れている。

本書で一貫して強調しているのが、この自然体である。自然体はリラックスという意味に繋《つな》がるが、本文では〈脱力〉〈抜け〉〈抜き〉〈緩み〉などの表現を使い、そのための方法も紹介している。

では、本主題でもある効率的な「走り」と、それを母体とするスポーツパフォーマンスの向上、それらを自然体として成就させるためには、何をヒントにしたらいいのか。

ウミネコのような叡智——。

「心身一如」ではないが、私たちはそろそろ〝カラス的思考〟を脇《わき》に置いて、〝ウミネコ的思考〟に目を向けるべきなのかもしれない。

2004年11月19日

織田淳太郎

第1章　スポーツパフォーマンスの根幹は「歩き」「走り」

1、ピッチングと「走り」

和田毅との出会い

土橋《つちはし》恵秀は早稲田大学野球部創設以来、初の学生トレーナーである（現在はフリーのコンディショニング・トレーナー）。1999年6月下旬、トレーナーとして歩み始めたばかりのその土橋のもとに、一人の1年生部員が歩み寄ってきた。

「……相談があるんだけど」と、彼は言った。「どうも投げた後、腰が重くなるし、肩も張るんだよ」

「腰と肩、どっちが重いの?」

土橋が聞いた。

「特に腰。これって、何が原因？」

「過去に怪我したことある？」

「高校2年のとき、上腕三頭筋を断裂させたことがある。何カ月もギプスをつけていた」

「リハビリは？」

「特にやってないなあ」

「ちょっと見せて」

土橋が手を伸ばした。利き腕である左上腕部の裏側を触ると、切れた筋肉の瘢痕《はんこん》を掌《てのひら》に感じた。

「体のバランスが悪いんだろうね。おそらく」

トレーナーとしての勘だった。だが、まったくの新米トレーナーである。しかも、目の前の同期は2度の甲子園を経験したエリート投手。2度目はベスト8まで駒を進めており、故障で野球をリタイアした自分とは、実績において大きな隔たりがあった。

そんなエリート投手にどこまでのアドバイスができるのか。

「一緒に考えてくれる？」

エリートが言った。

「まあ、考えてみるけど……」

「何とか、頼むわ」

和田毅。後に東京六大学野球の奪三振記録を打ち立て、福岡ダイエーホークスの左腕エースへとのし上がる男である。

和田毅投手の投球フォーム

学生トレーナーの誕生

土橋は比叡山高校の野球部員だった。甲子園ベスト8の実績もある野球強豪校である。その中でレギュラーを勝ち取るために土橋が熱を入れていたのは、連日のウエイトトレーニングだった。

「週6日、1日2時間はやっ

てました」と、土橋は振り返る。

「野球部の練習を終えた後、夜の9時から11時ぐらいまでみっちりやってました。完全なウエイトトレ信奉者でしたね。とにかく筋肉をつけて身体を大きくしようと、そればかり考えてました。実際、筋力は今考えると、すごかった。左膝に違和感を抱いていたものの、僕自身、怪我とは無縁だと思い込んでいたところがありました」

1995年の夏、比叡山高校野球部は甲子園に出場したが、2年生だった土橋はベンチ入りを果たせなかった。翌96年の春、比叡山高校は再び甲子園の切符を手にした。

連日のハードなトレーニングが土橋の実力を確実にアップさせていた。ライトのレギュラーポジションをほぼ手中にし、彼は晴れて甲子園の土を踏むはずだった。

背番号渡しの3日前、土橋はプロ野球選手の一部が取り入れていたスピードトレーニングを行った。下り坂を利用したダッシュ走である。

悪夢が襲ったのはそのときだった。傾斜の強い下り坂を走り切り、速度を緩めるため足でブレーキをかけると、砂利《じゃり》石を踏んでしまった。体勢を整えようとして、咄嗟《とっさ》に足を踏ん張った。左膝が不自然に折れ曲がり、土橋は激しく倒れ込んだ。

左膝に激痛が走った。医師の診断を仰ぐと、前十字靭帯《じんたい》損傷と言われた。歩くこともままならず、彼は最後の最後でレギュラーでの甲子園出場の夢を絶たれた。

「本を読むと言えば、それまではトレーニングの専門書ばかりでしたが、この怪我をきっかけに解剖学やスポーツ医学の本を読むようになったんです。それで、靭帯とか骨の働きなどを勉強していくうちに、しだいに興味を抱いていった。特に股関節の動きがスポーツには重要なんだと思いましたね。膝の故障で野球は諦めていたし、そこからトレーナーの勉強をしてみたいという方向性がはっきりしてきました」

１９９９年、土橋は2年間の浪人生活を経て、早大人間科学部スポーツ科学科に入学した。だが、早大野球部にはそもそもトレーナーという存在がなかった。入部の手段さえ見いだせず、彼は大学生活の初期を暗中模索で過ごした。

同年5月下旬、六大学の早慶戦を神宮球場のスタンドで応援していると、たまたま隣にいた人物が早大の元野球部員だった。土橋はトレーナーを志望していることを、彼に打ち明けた。

「君は野球部のトレーナーになりたいのか?」大学の2年先輩に当たるその人物が言った。

「ちょうど、監督が学生のトレーナーを探してるところだよ」

翌日、土橋はその先輩に付き添われて、西東京市東伏見にある野球部の「安部寮」に野村徹監督を訪ねた。

「とにかくトレーナーとして最後まで頑張ってほしい」

野村監督の言葉だった。

「しかし」と、土橋は苦く笑う。「念願のトレーナーで野球部に入ったのに、何をしていいのか分からないんです。変に動いて迷惑かけちゃまずいかなって、グラウンドに入ってもただ立って見ているような有り様で……」

最初に声をかけてきたのは、４年生エースの藤井秀悟（現・ヤクルトスワローズ）だった。彼も今治西高時代に左肘の靭帯断裂の怪我を負い、早大に進んでからはリハビリを続けながらマウンドに立っていた。

「お前、何ができる？」

藤井が聞いてきた。

土橋は勉強した範囲でのストレッチを思い起こすと、当時最新だったＰＮＦ（固有受容性神経筋促通法）を藤井に施した。

「すごいな、お前……」藤井が目を丸くした。「肩が軽くなったよ。ありがとう」

以来、土橋は徐々にチームに溶け込んでいった。部員たちが次々にマッサージと助言を求めてきた。先輩部員の手前、1年生部員は遠慮気味だったが、それでも例外はいた。彼は頻繁に土橋のもとに足を向けては、しつこいほどの助言を求めてきた。

冒頭に登場した和田、その人である。

妙な癖

新米トレーナーとしての土橋の仕事は、投手陣のトレーニングメニューを組むことだった。最終的には野村監督との協議で決定されるが、トレーニングの中心となるのは、やはり走り込みだった。

その走り込みで、土橋は和田の妙な癖に気がついた。

「腕を振るとき、右腕ばかり極端に後ろに引いているんです。しかも、ピョンピョン跳ねるような感じで、足の蹴り方のバランスも悪い。膝の力だけで前に出ようとしているし、ひどく不器用な走りなんです」

走る際に、右腕を極端に後ろに引く。この癖はピッチングにも顕著に見られた。あるいは、ピッチングの特徴が、「走り」の中の妙な癖を作ったのかもしれない。

「投げるときは、胸を張れ」——。

野球指導者が投球動作の基本として、よく口にするアドバイスである。胸を張ることによって、腕の長さを最大限に利用した投球が可能になるが、その付加動作として多くの選手がグローブ側の腕を折り畳むように脇に収めようとする。

ただし、胸を張ろうとする意識ばかりが先行すると、投球時にグローブ側の肘を後方へと引きすぎてしまう弊害が生じてくる。

和田がまさに、それだった。また、スピードボールを意識しすぎているのか、リリース時には顔を大きく右方向にのけぞらせ、最終的にはバックスクリーンを見る格好になった。

だが、球速はそれほどでもない。同年6月上旬の新人戦に登板したときのＭＡＸは、125キロにすぎなかった。

「当時の和田の特徴は、身体の中心を軸にして投げるというものでした。つまり、遠心力を腕に乗せるという投げ方です。しかし、それでは身体のスピンが早くかかってしまい、腕が遠くに置き去りにされる。

玩具のデンデン太鼓を思い出すと分かりやすいかもしれません。あれは太鼓の中心を軸にして、紐の先端についた錘《おもり》を回転させるものですが、先端部分が中心軸から遠ざかろうとしながら回転しています。

和田の投球もこれと同じでした。肩の開きが早いだけでなく、利き腕である左腕が投球の一連の動作において、身体の中心からどんどん離れていく。極端に言うと、リリースポイントが身体の真横になっているわけです。投球方向は前なのに、腕だけが1塁側へと向かっていくんですね。和田の場合、それを制御するために、肘や手首を強引に使って腕を前に持っていってたわけです。高校時代の上腕三頭筋の断裂と関係あると思いましたね。

また、投球時の踏み足を見ると、体重が前足にしっかり乗らず、後ろ足に残っている。そこからさらに体重を前足に移動させようとするため、上半身を必要以上に力んで使ってしまうわけです。ようするに、身体の土台がしっかりしてないということですね。肩の張りや腰が重いといった症状は、その辺から派生しているのじゃないかと思いました」

「走り」からの投球フォーム改善

土橋の予想は、和田の肉体が物語っていた。特に下半身である。太腿の前、すなわち大腿四頭筋にはある程度の筋肉がついているというのに、その裏側の大腿二頭筋や大臀筋にはまるで筋肉がついていない。萎《しぼ》んだ風船のようにペチャッとしたイメージだった。これは、走りや投球において身体の前面を主役として使い、裏面を軽視してきた証拠でもある。

しかし、積年の癖は容易に払拭《ふっしょく》できるものではない。そこで、土橋は「走り」から、和田の投球フォーム改善へのアプローチを始めた。

まず、ランニングフォームにおける右腕を過度に引くという癖。これに対して、土橋は「引くのではなく、前に送り出すようなイメージで腕を振るよう」指示した。さらに、「膝ばかり使って走るから、尻に筋肉がつかない」とした上で、こんなアドバイスを送った。

「股関節で走るという感覚が必要だよ。骨盤の左右交互の切り替えで前に出るようにしないと、長丁場のランニングは体力的にもたない」

投手陣に課されたトレーニングメニューの中で、最も過酷なのが「走り込み」である。喘《あえ》ぎつつも、どこかで手を抜いている他の投手とは対照的に、和田は一人黙々と足を運んだ。何か閃《ひらめ》くものがあると、前後も忘れてそれに取り組むのが、彼の性格だった。

「分かった！」ある日、和田が嬉々として言った。「コツが分かったよ！」

「楽をするコツか？」

土橋が茶化した。

「いや、走り方のコツだよ。ケツにくればいいんだろう？　尻の下のほうを使って走る感じになってきた。腿の前側は疲れない」

「野茂（英雄＝現・ロサンゼルスドジャース）のように尻がデカくなれば、ピッチャーらしくなるよ」

「これやって、本当に球が速くなるんなら、俺、頑張るよ」

和田が「コツをつかんだ」という走り方とは、地面を蹴る足の運びではなく、股関節からリードさせた足を、次々と左右切り替えていくというものである。そのため、一方の足が前に出たとき、後方の足は置き去りにされることなく、すでに前方への切り返しに入りかけている。左右の骨盤がほぼ並列的に前方へと押し出される走りと言い換えてもいいかもしれない。

土橋の目論見《もくろみ》は、このランニングフォームをそのまま投球フォームに置き換えることだった。

「ピッチングは結果的に身体の中心軸で行っているのだとは思いますが、腰の回旋を生み出すのは股関節ですからね。その股関節を鋭く使うためには、回旋させるというイメージよりも、足を踏み込んでから後ろ側の腰を前方にぶつけるようにしたほうがいいと判断したんです。極端に言えば、後ろ側の腰を前の腰にぶつけるというか、ねじ込むようなイメージですね。

和田のように左腕であれば、投球時において右足を踏み出したとき、左の腰が後ろに残ることなく、グッと前方へ押し出されながら回転する感覚です。それによって、左の腰の前方への切り返しが鋭くなる。つまり、右足への体重移動がスムーズにいって、肘や肩に余分な負担をかけることもないだろうと思ったわけです」

和田の動きが劇的に変わったのは、「分かった！」と叫んだのを契機としていた。その吸収力の高さに土橋は驚くばかりだったが、和田が筋力トレーニングに汗を流したという形跡は特にない。

同年8月中旬、和田は東京六大学野球のトーナメントに参加するため、投手陣の一人として岐阜に赴いた。

数日後、帰京してくると、興奮気味にまくしたてた。

「144キロ、出た！」

「はあ?」土橋は耳を疑った。「だって、お前、つい最近までMAXで125キロしかなかっただろう?」

「いや、本当に出たんだよ」

「スピードガン、壊れてたんじゃないか?」

和田投手の新旧フォーム対比

① 胸を張る

旧フォーム

② グローブ側の腕を過度に引きすぎている

③ 身体の中心軸を使った昔の和田の投げ方

新フォーム

② 右利きの場合、左胸をグローブにぶつけるようにする

③ 体重移動がしっかり行われている。和田の急成長の秘密がここにある

「計測していた人が、『藤井さんより速い、常時140キロ出てた』って。MAXは144キロだってさ」

「……信じられん」

土橋が和田への指導を開始してから、わずか1カ月半後のことだった。

2、競歩の常識を覆す

新星・杉本明洋

京都市左京区にある京都大学農学部グラウンド。複数の学生アスリートがダッシュ走やランニングに汗を流す中、私の目の先には黙々とトラックを歩く一人の競歩選手がいる。

身長、162センチ。身体の線は細く、見た目の迫力もない。が、流れるような足の運びと後方から前方へと送り出されるような柔らかな腕の振りが、ひどく印象的だった。

競歩界の〝常識〟を覆したアスリート――。

京大大学院に学ぶ杉本明洋である。彼は2003年9月、フィリピンのマニラで行われたアジア陸上競技選手権大会の日本代表として、競歩男子20キロに出場した。結果はそれまでの大会記録を更新する1時間22分35秒をマーク。４位入賞を果たし、アテネ五輪の強化指定選手に認定された。

だが、かつての杉本の競歩の歩きを一度でも見た人なら、アジア陸上での彼をとても同一人物とは思えなかったかもしれない。

その昔、杉本は〝並み以下〟のアスリートだった。愛知県の滝高校時代は、その前半期を長距離ランナーとして過ごしたが、実績は皆無に等しかった。

競歩には2年の夏から取り組んだ。その年の秋に行われた東海地区の新人戦では、５０００メートルで優勝したものの、タイムは26分を切れず、「期待の新人」とは遠くかけ離れた存在だった。そうして、３年生の5月、インターハイの県予選で負けると、彼は高校の競技生活を平凡に終える。

２０００年、杉本は京大理学部に現役合格した。すかさず陸上部の門を叩《たた》くと、今度は最初から競歩を専門種目とした。「走るほうは生まれつきの才能が影響するところがあるが、ルールが厳しい競歩はやり方次第で伸びる可能性があった」というのが、その理由である。

目的ラインにとにかく早く辿り着けばいいという「競走」とは違い、競歩には以下のような競技規則が設けられている。

a〈一歩進むごとに、競技者の前足は、後ろ足が地面から離れる前に地面に接地していなければならない〉

b〈支持脚は、それが垂直になったとき、少なくとも一瞬は真っすぐ（すなわち膝が曲がっていないこと）でなければいけない〉

aに対する違反は「ロス・オブ・コンタクト」、bに対するそれは「ベント・ニー」と呼ばれているが、この2つの規則の影響下において、地面を押すような足の運びが、競歩選手の〝常識〟とされてきた。支持脚を最後まで残すことで、歩型違反を免れるためである。

同年7月、1年生の杉本は京都選手権の男子5000メートルに出場した。出場選手の少ないレースで、彼は2位でゴールしたが、25分台のタイムは誉《ほ》められるものではなかった。

それから2カ月後の9月、杉本は西日本インターカレッジの1万メートルに出場すると、スタートから大きく遅れをとり、52分54秒70の最下位に沈んだ。相変わらず「どれだけ地面を強く押せば、速い人に追いつけるのか」という思いにとらわれたレースだった。

「技術が上がれば速くなるという発想そのものがなかった」と、杉本は回想する。

「自分が勝てないのは、単にエネルギーがないからだと思い込んでいました。競歩では地面を長く押して、歩幅を稼ごうという意識が強かった。走ることに関しても、当時は身体の中心軸の捻《ね》じり戻し感覚で足を運んでいたし、一歩ごとに地面を強く蹴っていました。蹴れば、前に進むと思い込んでいたんですが、頑張って頑張って、それでも他の選手に負ける。その繰り返しでした」

飛躍

だが、彼にとって幸運だったのは、自己変革の機会が断続的に用意されていたことかもしれない。２年生になる直前の２００１年３月、金沢で行われた日本陸連（日本陸上競技連盟）主催の競歩合宿に参加したとき、藤野原稔人に声をかけられたのが、最初の転機だった。藤野原は後（２００３年）の日本選手権競歩男子20キロの覇者である。

「『肩の軸を安定させて腕を振ったほうがいい。肩を捻じっちゃ駄目だよ』と、アドバイスしてくれたんです。そのころの僕は前に進もう進もうという意識ばかりが先行していた。で、左足が前に出ると、右腕が前に出ますよね。それなら、右肩も一緒に大きく前に出そう。そうすれば、速く歩けるだろうという考えを持っていたわけです。両肩を交互に大きく捻るような腕の振り方ですね。それを、藤野原さんは、肩を前に出してはダメだという。肩の軸を動かさず、安定させろと言うわけです」

同じころ、陸上部の先輩競歩選手から、歩行時の姿勢が後傾しすぎていると指摘され、歩行スタイルを前傾気味に変えた。

杉本は2人の先輩の忠告に従った。前に進もうとする意識を外すような不思議な感覚だったが、なぜか、周囲からは「歩きが柔らかくなった」と言われた。

同年夏には日本陸連競歩部長の田上敦巳と出会い、身体の左右のバランスの取り方や呼吸リズムについての教えを受けた。さらに、京都大学総合人間科学部の小田伸午助教授（現・京大大学院人間・環境学研究科助教授）の「運動科学」を2年の前期から受講。後述する「ターンオーバー」や「二軸（常歩《なみあし》）理論」などを学ぶと、それを自らのパフォーマンス向上へのステップアップとした。

実力は瞬く間に開花した。

同年9月上旬、杉本は近畿選手権に出場し、大会記録でいきなりの優勝を遂げた。その数日後、今度は全日本インターカレッジの男子1万メートルに出場すると、7位入賞を果たした。タイムは41分50秒59。1年前の西日本インカレの1万メートルのレースを11分以上も短縮するタイムだった。

このあたりから、杉本の実力は全日本クラスへと一気に飛躍を遂げる。

3年になった2002年11月の学年別選手権1万メートル。彼は40分38秒86の自己記録更新で優勝を果たすと、翌03年7月の全日本インターカレッジ1万メートルでは、自己記録をさらに更新する39分59秒82をマークし、学生チャンピオンの座に上り詰めた。

くどいようだが、最下位に終わった2000年の西日本インカレの1万メートルのタイムは、52分54秒70である。

課題はスピードを落とすこと

わずか3年間で、約14分もの自己記録更新。その劇的なまでの進化のプロセスにおいて、杉本の何が変わったのか。

「競歩では最後まで足を地面に残して、押せと言われています。でも、肩の軸を安定させ、前傾姿勢をとったりしているうちに、それまであったブレーキ感覚がなくなり、地面を押せなくなってしまった。押すより速く、足と腰が勝手に前に出てしまうわけです。

以前は軸を作りながら足を踏み出していたのに、踏み出したときにはすでに身体の真下に軸がスポンと入ってくるような感じになった。足裏の接地でも当然、踵《かかと》から入っているはずなのに、拇指球《ぼしきゅう》（足裏の親指の付け根付近）で地面をポンポン押しているような感覚なんです。拇指球で蹴るというのではなく、拇指球に乗っているといった感じですかね。これは、踵が地面についたとき、ほとんど力が加わっていない証拠だと思います。

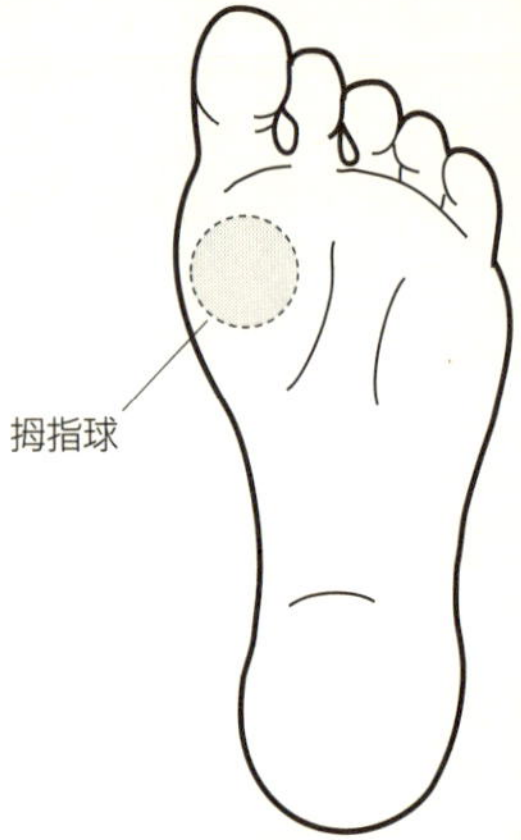

ただし、スピードがついた分、自分の中では足が浮いているという感じがあった。少しヤバイかなと思いましたが、歩型審判員の方にはしばらく何も言われなかったので、外見的にはそれほど問題なかったのでしょう」

杉本が懸念したのは、前記した競技規則ａの「ロス・オブ・コンタクト」〈競技者の前足は、後ろ足が地面から離れる前に地面に接地していなければならない〉――。簡潔に表現すれば、「両足が地面から浮いてはいけない」とする歩型規則に対する違反である。

しかし、日本代表として出場したアジア陸上で、その懸念が表出した。

競歩の歩型審判員はロードが９人、トラックでは６人が配備されている。彼らは規則に違反する恐れがあるとき、「ロス・オブ・コンタクト」か「ベント・ニー」かのいずれかのサインを記したパドルと呼ばれる円板を警告として掲げる。が、明らかな違反を認めたときは、無条件に反則カードを発行し、主任審判員によって掲示板の選手ナンバーの横に赤いマグネットが貼り付けられる。これが３つになると、選手は失格になる。アジア陸上の競歩男子20キロに登場した杉本には、レース終了までに「ロス・オブ・コンタクト」による２つの反則カードが発行されていた。大会記録を更新する４位でゴールしたものの、失格寸前というレース状況だったのである。

「スピードに耐えられなくなって、足が後ろに残りにくくなったんです。メダルを狙うことも可能でしたが、あれ以上、スピードを上げたら、たぶん失格になっていたでしょう。だから、今の僕の課題は、まずスピードを落とすこと。それによって、歩型の正確さを求めることなんです。あえて言うなら、離地した踵を上げて前に持っていくのではなく、踵で地面を擦《す》るような感じで前に運ぶようにしてみたい。正しい動きさえ覚えれば、結果的にまた速くなるはずですから」

全日本競歩輪島大会の杉本の歩き。両肩の軸が安定している

２００４年１月25日、彼はアテネ五輪の代表選考を兼ねた日本選手権男子20キロレースに出場すると、自己記録を更新する１時間21分09をマークして２位に食い込んだ。同じくアテネ五輪の最終代表選考を兼ねた４月11日の全日本競歩輪島大会では、「ロス・オブ・コンタクト」の警告を１度受けただけで、48選手が参加した20キロレースを制した。

アテネ五輪の強化指定選手から代表候補選手へのステップ・アップ。以上が「並み以下だった選手」の劇的なまでの変貌のプロセスだが、彼は惜しくもアテネ五輪の選考から漏れた。

「今後は世界的な大会に出てみたい。さま

ざまな課題をクリアして、次の北京五輪を目指すつもりです」

制約ある競歩競技の宿命か。杉本の場合、皮肉にも「スピードを落とすこと」が新たな飛躍への出発点となった。そこから、より完成度の高い歩型を作り上げ、再びスピードの要素を加味していくという課題である。

それにしても……と、問いたい。

そもそも「落とさなければならない」ほどのスピードとは何か。足と腰が勝手に前に出る歩きとは何か。彼の歩きにおける身体技法の、より具体的な方法論とは何か。何よりも彼の歩きを走りに転化したとき、どんなパフォーマンスが展開されてくるのか。

早大時代の和田毅の劇的な進化の理由も視野に入れて、以下を読み進めてもらいたい。

3、剣道と「歩き」「走り」

〃常識〃との違い

走る――これは、人間が持つ最も基本的な動作のひとつであり、スポーツパフォーマンスの根幹となる要素でもある。だが、かつて私は、ある著作で次のような但し書きを加えた。

〈相撲やゴルフなど一部のスポーツを除く〉

はたしてそうなのか。前に述べたように和田毅はランニングの中から、ピッチングパフォーマンスを一気に飛躍させた。後述するが、陸上短距離のエース・末續慎吾は、相撲のテッポウをヒントに世界的スプリンターへとのし上がった。長く不振に沈んでいたプロゴルファーの中島常幸は、和田がそれを進化への足がかりにしたように、後ろ側の腰（右腰）の送り出しをスムーズにすることによって、復活への道程を歩んだ。

そう考えると、「走る」要素が一見繋がりの希薄なパフォーマンスに大きく関与しているのは、もはや否定できない事実だろう。

すなわち、私はこう書き改めなくてはならない。

〈「走る」とは、あらゆるスポーツパフォーマンスの根幹となる重大な要素である〉

たとえば、剣道。ここでも、走りの要素は十二分に絡んでくる。

久留米工業高等専門学校（以下、久留米工専）・一般文科助教授の木寺英史。剣道7段の彼が走歩行と剣道との相関を研究するようになったきっかけは、29歳のときのアキレス腱断裂のアクシデントである。

「中学の教師をやっているころでした」と、木寺は言う。

「まったく稽古をしていない状態で動いたら、やっちゃったんです。で、そのとき、ふと思った。剣道をやっている人にアキレス腱断裂がやたらに多いんですよ。１度ならず２度も切る人もいるぐらいです。なぜなのか、と思いましたね」

木寺は学生時代に読み耽《ふけ》っていた専門書を押し入れから探し出した。森田文十郎著『腰と丹田で行う剣道』（島津書房）である。

数年ぶりに読み返してみると、以前はさして興味を覚えなかった個所に目が留まった。〈歩行の原則〉と題した、「打つこと」と「歩くこと」に関する記述である。

「右半身で構えて打ちにいくと、普通は左腰と左足が後ろに残る。われわれにとっては、それが〝正しい〟形だったんです。ところが、著者はそれじゃダメだと言う。一方の腰と足は残しちゃいけないと書いてるんですよ。つまり、打突（打ち、突き）を活かすためには歩かなければならず、右足、右腰が前に出たときは、後ろ腰も前に出なければならない。それによって、後ろ足が前方に引きつけられると言うんです。簡単に言えば、歩きながら打てというわけです」

剣道と走歩行との関連性。教えられてきた〝常識〟との違いが、逆に新鮮な知識欲を喚起させた。

あるとき、宮本武蔵の『五輪書』を読んでいると、再び目が釘付けになった。「水之巻《すいのまき》」の〈足づかひの事〉の中にこんな文面があった。

足のはこびやうの事、つまさきを少しうけて、きびすをつよく踏むべし。足づかひは、ことによりて大小・遅速《ちそく》はありとも、常にあゆむがごとし。足に飛足《とびあし》、浮足《うきあし》、ふみすゆる足とて、是《この》三つ、きらふ足也。此道の大事にいはく、陰陽《いんよう》の足といふ、是肝心《これかんじん》也。陰陽の足とは、片足ばかりうごかさぬもの也。きる時、引く時、うくる時迄《まで》も、陰陽とて、右ひだり〱《みぎひだり》と踏む足也。返々《かえすがえす》、片足ふむ事有るべからず。能々《よくよく》吟味すべきもの也。

〈訳文＝足の運びは、爪先を少し浮かせて、踵《かかと》をつよく踏め。足のつかい方はその時によって大小遅速《ちそく》の相違はあるが、ふつうに歩むように使うこと。飛ぶような足、浮きあがった足、固着するような足の三つはよくない足である。

足のつかい方では、陰陽《いんよう》ということが肝心《かんじん》とされている。陰陽の足とは、片足だけを動かすのではなく、斬る時も、退く時も、受ける時も、右左、右左と足を運ぶのである。くれぐれも、片足だけを動かすことがないよう、十分に注意しなければならぬ＝講談社学術文庫『五輪書』〔鎌田茂雄・訳注〕より〉

〝拇指球信仰〟

木寺は首を捻った。「片足だけを動かすことがないよう」という足の運びに関する戒めは、森田文十郎のそれと見事に一致するが、「爪先を少し浮かせて、踵をつよく踏め」という意味が分からなかった。

木寺は筑波大学の剣道部出身である。4年時には全日本学生選手権で団体戦の準優勝メンバーにもなった。前述したように7段位の達人だが、教えられてきたのは武蔵の教えとまるで正反対のものだった。「後ろ足の踵を上げたまま爪先に体重をかけ、拇指球で強く蹴って前に出ろ」というコーチングである。

伝説の剣豪・武蔵の教えと近代剣道のそれとのギャップ。頭を悩ませていると、ボクシング・ファンだった父親の口癖を思い出した。

「日本人ボクサーのフットワークは、なんで爪先でポンポン跳ねるようにするんだろうか。外国の強豪は跳ねずにどっしりとしているじゃないか」

日本のスポーツ界を見渡す限り、たしかにそうだった。剣道やボクシング以外に、陸上や野球などにも〝拇指球信仰〟が蔓延《まんえん》していた。すなわち、内股気味の体勢から地面を強く「蹴る」ことによって、パフォーマンスを向上させようというコーチングの傾向である。

そして、「剣道の選手にアキレス腱断裂の経験者が多いのはその影響ではないか」と思ったとき、木寺に植えつけられていた固定観念は、少しずつ崩れ落ちていく。

「たとえば、全力で走っているとします。このとき、急いで止まろうとすると、両足の爪先と拇指球で踏ん張って急ブレーキをかけますね。また、電車の中で立っていて、身体が前につんのめりそうになったとき、人間の足裏にはどういう力が加わるか。前に倒れないようにしようと、爪先と拇指球にグッと力を入れます。これによって、前に行く力を制御しているわけです。ようするに、拇指球に力を入れるということは、後ろ向きの力を働かせるということなんですね。

逆に後ろに倒れそうになるときは、爪先を浮かせて踵に力を入れる。これは、前に行く力を働かせることによって、均衡を保とうとしているのです。

つまり、後ろに向かうときは、爪先あたりで踏ん張って、前に向かうときは踵に体重を乗せればいいということです。これをわれわれは長い間、逆に考えていた。前に出るために爪先や拇指球に体重を乗せて蹴っていたんですから、車でたとえるならブレーキをかけながらアクセルをふかすようなものでしょう。アキレス腱に負担がかかったのも無理はないわけです」

宮本武蔵肖像（島田美術館蔵）

身体が前に倒れそうになったときは、爪先と拇指球に力を入れ、後ろ向きの力を働かせる（左）。
逆に後ろに倒れそうになったときは、踵に力を入れ、前向きの力を働かせる（右）

木寺のこの言葉は、電車の不安定な環境の中でなくても、簡単に証明することができるだろう。まず、足を肩幅ぐらいに広げた楽な姿勢で立つ。そこから、両足の拇指球で地面をグッと強く押すと、身体は後ろに倒れそうになる。

一方、同じ立位の体勢で、今度は爪先立ちになる。そこから、脱力するように両踵を床にトンと落とす。すると、床からの反力を受けて、身体が前に倒れそうになるはずである。

木寺の身体運用に関する観念は、緩やかに反転した。さっそく剣道で実験を試みると、既成のコーチングの〝虚像〟が、次々と見え始めた。

やがて、木寺はインターネット上にホームページを開設した。剣道に関する研究発表の掲載だったが、剣道と走歩行との関連性についての研究も始めた。その過程でナンバ的走歩行の検証にも興味を抱いた。

ナンバ。「右手、右腕を同時に出す」というのが、一般的な捉え方だった。だが、効率的な動作としてのその捉え方に疑問を投げかけると、木寺は「本来のナンバ」と題した研究内容をホームページに掲載した。

2000年7月、そのホームページに一通の書き込みがあった。

「ナンバに絡んで、歩き方、走り方についての意見交換をしていただければ、嬉しく思います」

京都大学助教授・小田伸午からのメールだった。

第2章　二軸の動作──「チャップリン歩き」のススメ

ガニ股で歩いてみる

私の手元に1枚の写真がある。近所の中学校の運動会の写真で、陸上400メートルのスタート直後における2人の選手のフォームが写し出されたものである。

この2人のフォームは、ひどく対照的である。特に足の接地時の形態にその違いが顕著に表れていて、一人はガニ股気味に膝と爪先を外側に向け、もう一人は股関節を締めるように膝と爪先を走る方向へと真っ直ぐに向けている。

あるとき、一人のスポーツ指導者がこの写真を見て、論評を開始した。

「このガニ股気味の足の踏み出しは、良くないなあ。膝と爪先が外を向いちゃってるから、うまく身体が前に進まないよ。その点、こっちの子は足を真っ直ぐに踏み出している。素晴らしいフォームだね」

しかし、結果はどうだったか。ガニ股気味の少年は、ぶっちぎりの優勝。それも、校内記録更新のおまけ付きである。一方、膝と爪先を真っ直ぐ向けた少年はと言えば、最下位に近い惨敗。

なぜ、「良くない」と酷評されたフォームが校内記録の更新を生み出し、「素晴らしい」はずのフォームが惨敗をもたらしたのか。このスポーツ指導者からは、残念ながら満足な答えを得ることができなかった。

既成のコーチングにおける〝常識の嘘〟。それがいかに蔓延してきたかは、第3章で詳しく述べるが、「走り」におけるコーチングほど、虚像と実像のギャップが大きいものはないかもしれない。

では、「速く走るため」には、どうすればいいのか。その予備段階的なトレーニングとして、私は〝独断と偏見〟をもって、ある歩行スタイルを読者に勧めたいと思う。

「チャップリン歩き」と「チンピラ歩き」。特に「チャップリン歩き」である。

チャールズ・チャップリン。かの喜劇王の滑稽な歩き方を、思い出してほしい。両足の爪先を横に広げたまま、小刻みに歩を進めるのが特徴である。

また、「チンピラ歩き」。これは大股開きにした足を骨盤でリードするように運ぶのが特徴だろう。

この2つの歩行スタイルには、いくつかの共通個所がある。まず、股関節を外旋（外側に回す）させたガニ股歩行。次に膝を脱力させ、骨盤ごと前に進む歩行の形態。さらに、骨盤の幅をほぼ維持した足の運びということになる。

チャップリン © AFLO FOTO

にもかかわらず、両者の歩行には印象として、大きな相違がある。滑稽で控えめな様子をうかがわせるのが「チャップリン歩き」。これに対して、「チンピラ歩き」のほうは横柄で威圧的な印象を周囲に与える。

この「チンピラ歩き」の威圧感の裏には、歩く当人にとっての虚栄心が隠されていることが多い。そこには、風を切るように両肩を大きく揺らすことによって、自分の存在を大きく見せようとする心理が働いている。

だが、「チャップリン歩き」には、この余分な動きがない。それが両スタイルにおける印象の相違を際立たせているが、走歩行において「余分な動き」が不必要なのは言うまでもない。したがって、この奇異な2つの歩行スタイルを勧めるにあたっては、下半身の動き、すなわち「足の運び方のみを参考」という但し書きを加えなければならないだろう。

では……と、再び問う。「チャップリン歩き」あるいは「チンピラ歩き」の実践が、なぜ「速く走るための」予備段階として有効なのか。

それを説明するためには、京大大学院助教授の小田伸午をはじめとする複数の人物に登場してもらう必要がある。

二軸（常歩）理論

現在、京大大学院人間・環境学研究科で運動科学を教える小田は、斬新なコーチング理論を展開する気鋭の運動学者であり、スポーツ指導者でもある。

東京大学在学時代はラガーマンで、後にラグビーの全日本コーチや京大ラグビー部監督を務めたこともある。

その小田が提唱する運動理論に、「二軸理論」または「常歩《なみあし》理論」と呼ばれるものがある。

人間の身体運用における合理性の追求。この視点から、カール・ルイス、リロイ・バレル、モーリス・グリーン、さらに末續慎吾など世界的スプリンターの「走り」の秘密を解明してきたが、小田自身、その理論が日常生活にも応用できるものと信じていた。

ある日、乳飲み子を右の腰骨の上で抱きながら歩く女性の姿に目が留まった。小田の思いが確信に変わった。

「完全な常歩でした」と、小田は言う。

「右腰が前に出るとき、すでに左腰が前に出ようとしているんです。左右の一方の腰が残らないで、腰全体がどんどん前に出ていく歩き方ですね。赤ちゃんを腰骨に乗せることについて、女房に聞いてみたら『ああすると、すごく楽なのよ』と言ってました」

常歩とは、馬の歩き方のことである。その歩行形態を説明すると——。

最初に右の前肢が出た場合、次に左の後肢が出る。さらに左の前肢が出ると、右の後肢が出て、再び右の前肢が出てくる。馬はこの肢の運びの繰り返しによって歩を進めるが、その一連の流れの中で一方の側の前後肢が浮く瞬間がある。右側の前後肢が浮き、次に左側の前後肢が浮くという交互の局面である。

身体の左右2つの軸を交互に移し換える歩き。すなわち、二軸による歩行形態である。「常歩理論」が「二軸理論」とも呼ばれる理由がここにある。

一方で私たちが常としてきた歩き方は、体幹ラインを軸として肩と腰を左右交互に捻じりながら足をクロスに入れていく、いわゆる「一直線歩行」あるいは「中心軸歩行」と呼ばれるものである。

小田が説明を加える。

「この身体を捻じるという動作が馬にはない。〝右、右〟〝左、左〟という交互の動き。つまり、身体の両側に交互に軸を作るのが、馬の歩き方ということになります。その際、右半身が前に出ると、それに引っ張られるようにして左半身が前に出ていくというのが特徴です。

このときの動きは、まったく意図的ではない。ごく自然に肢が切り替わっているわけですね。この馬の歩きを人間のそれに置き換えたらどうなるかという発想が、そもそも『二軸理論』『常歩理論』を生むきっかけになっています。

まず重要なのは、体重を左右の股関節で交互に感じるということです。つまり、骨盤の幅に足を置きながら身体の両側に軸を交互に作るという歩きや走りですね。この左右のオン・

馬の常歩

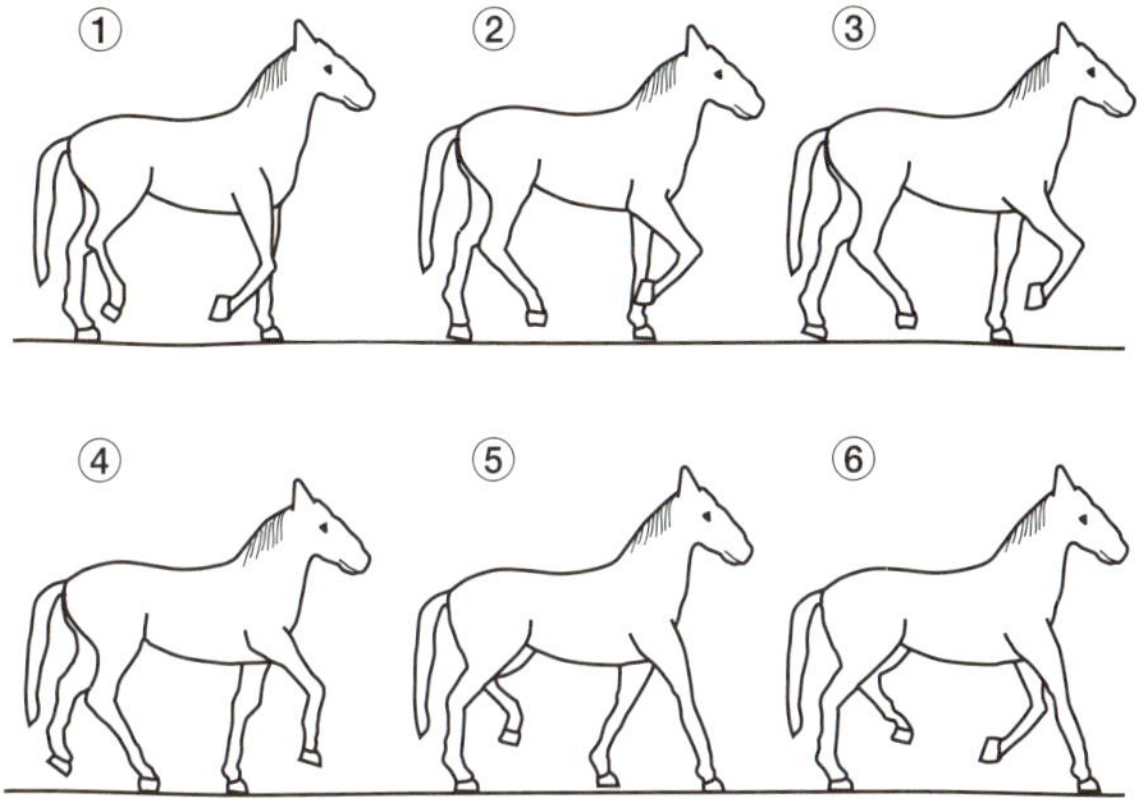

中心軸（一直線）歩行

（肩と腰を左右交互に捻じってクロスさせるように足を運ぶ）

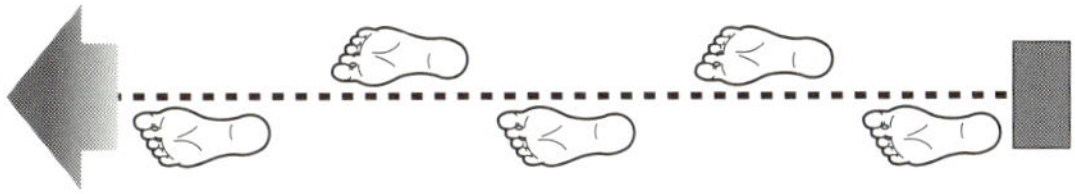

二軸（二直線）歩行

（骨盤の幅を維持したまま直線的に足を運ぶ）

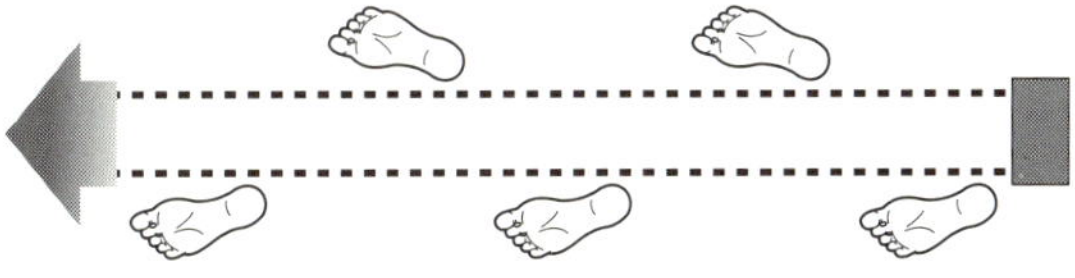

オフの切り替えが、ここではポイントになってきます」

高橋尚子、野口みずきの走りの共通点

久留米工専助教授の木寺英史によると、シドニー五輪女子マラソン金メダリストの高橋尚子の走りにも、左右のオン・オフを繰り返す二軸の動作が顕著に表れているという。

それを示唆する動作の一端が、彼女の招き猫のような腕の振りにある。

木寺が言う。

「高橋の特徴は脇が身体の側面で交互に締まるというものです。接地と同時に肘が下を向き、そのときに軸ができているわけですね。肩甲骨の動きとも関係がありますが、彼女はその軸の左右への移し替えで走っている。つまり、脇を締めるから招き猫のような腕の振りになるのでしょう。両脇を広げたまま、ただ前後に腕を振って走ると、中心軸感覚の走りになります。その人の走りが中心軸感覚か二軸感覚かは、肘の動きを見ると、だいたい分かりますね。ただし、脇が締まっても、肘が体幹よりも前に振り出されたときは、中心軸感覚になってしまいます」

また、アテネ五輪女子マラソン金メダリストの野口みずき。彼女の走りの中にも、左右の

軸の切り替えにおいて、高橋との類似点があるという。

今度は小田の説明――。

「野口の場合、右足が接地する瞬間、右の上腕部が外旋し、同時に右の股関節にも外旋力がかかる。このとき、体の右サイドに軸ができているんですね。で、外旋した右の上腕が内旋しながら戻ってくるとき、今度は体の左サイドに軸が移行する。高橋とは見た目は違いますが、軸の切り替えの特徴が腕の動きにあるという意味で共通しています。

いずれにしても、普通のコーチだったら、野口のあの腕の動きを矯正していたかもしれません。しかし、野口を指導する藤田（信之）コーチは、その癖を直そうとしなかった。彼の凄いところは、その癖が野口に合っているということを感覚的に知っていたことだと思いますね」

小田によると、藤田の指導者としての炯眼《けいがん》ぶりには、高橋の独特な腕の振りを矯正しなかった小出（義雄）監督のそれと、相通じるところがあるという。やはり、「選手を生かすも殺すも、指導者次第」というべきか。

高橋尚子　左側に軸ができた瞬間

野口みずき　右側に軸ができる直前

ターンオーバー＝足の前方への切り返し

一方で、小田が強調する言葉がある。

「ターンオーバー」——。ロサンゼルス五輪陸上4冠のカール・ルイスのコーチだったトム・テレツが、かつて日本人スプリンターの走りに対する批評の中で使った言葉である。

「日本人の足はターンオーバーしていない」

ちなみに、手元にある英和辞書をひもとくと、〈turn over〉には「ひっくり返る」「ひっくり返す」「～をめくる」などの意味がある。つまり、ターンオーバーを陸上用語に置き換えるならば、「足の前方への切り返し」という意味を派生させるだろう。

小田が「速く走るための条件」として重視しているのが、まさにこのターンオーバーの速さである。

アテネ五輪陸上男子100メートルでは、1位のジャスティン・ガトリンから4位のショーン・クロフォードまで9・8秒台という驚異的な記録を叩き出したが、ターンオーバーの速さが彼らの走りに共通する大きな特徴だという。

「ターンオーバーを速くするためのポイントのひとつは、足が地面についたときの股関節が、外旋状態にあるということです。つまり、股関節が外側を向いていることですね。実際、一流スプリンターの接地足の爪先は、みんな外を向いてます。外旋で接地した足は離地すると、今度は内旋（内側に回る）しながら戻ってくる。そして、再び外旋状態で接地します。ようするに、両股関節が交互に外旋・内旋を繰り返してるわけで、そうなることによって、接地足側の股関節に前向きの力が働き、遊脚（浮いているほうの足）側の骨盤も同時に前に押し出される」

小田によると、この一連の足の接地形態は、股関節や膝を緩めることによって、自然に発生するものだという。これによって「右腰が前に出たときには、すでに左腰も前に出かかる」という腰全体の前方への移動が引き起こされる。

この腰の動きの特徴は、競歩の杉本明洋（前出）がそうだったように、長距離のトップランナーにも顕著に見ることができるだろう。

先に接地足側の股関節に外旋力が働くという野口みずきの走りに触れたが、彼女の場合もこの外旋力が淀みのないターンオーバーと両腰の前方への推進力を生む〝源泉〟となっている。

相撲で言えば、「押し」に見るような腰の動きに近いかもしれない。

走るときの足の外旋・内旋の様子（左足）

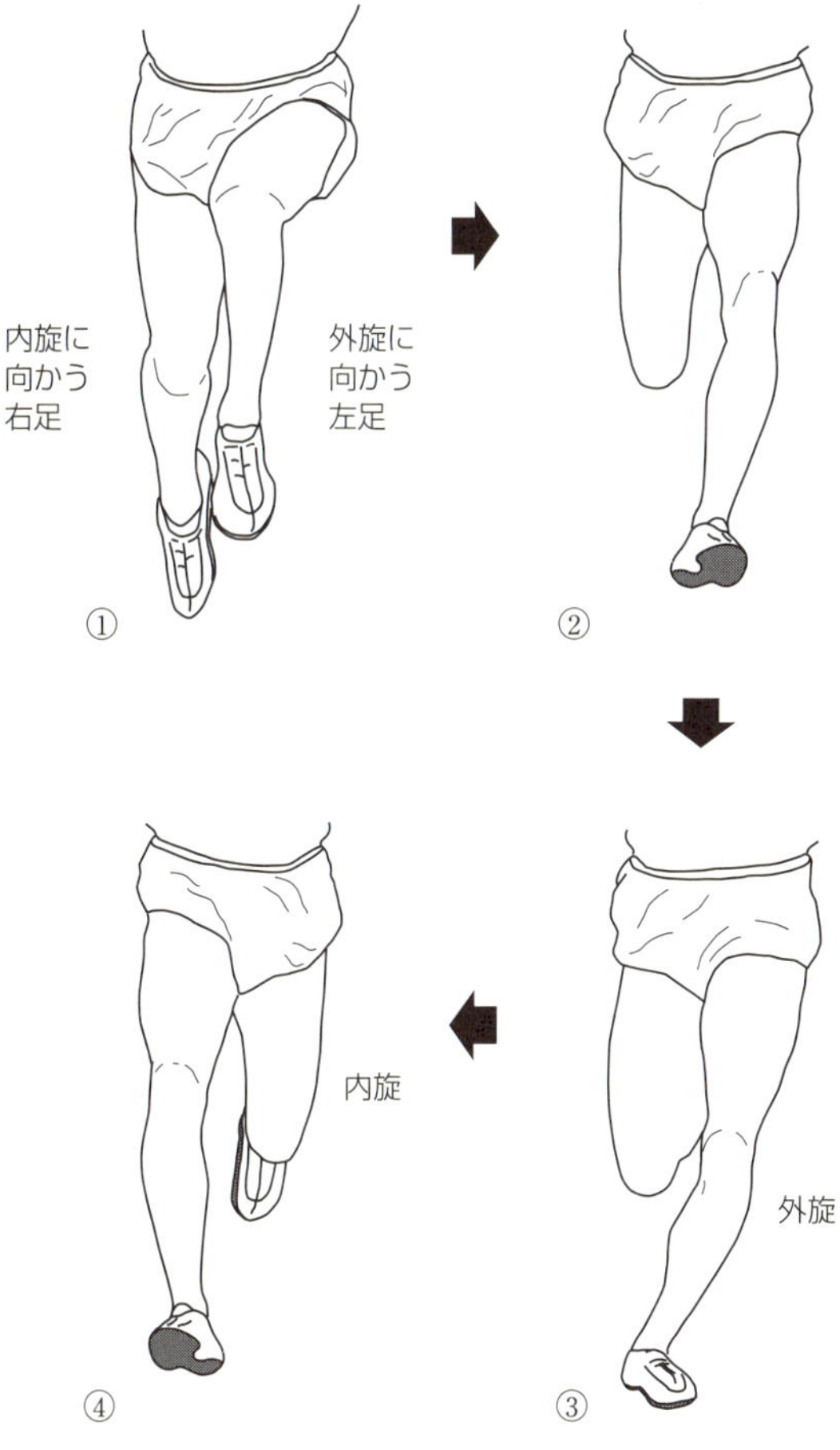

アテネ五輪陸上男子100メートル金メダリスト、ジャスティン・ガトリンの走り(右端)。アウトエッジ気味に接地する様子が分かる。ちなみに中央が同レース2位のオビクウェル、左端が3位のグリーン、右から2人目が4位のクロフォード

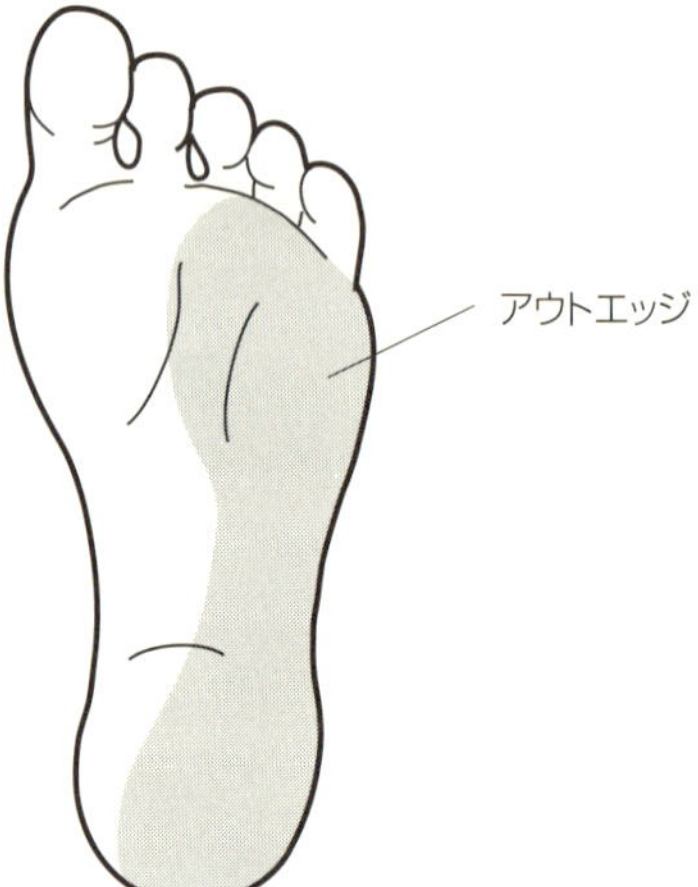

アウトエッジ気味のフラット着地

ただし、この「二軸（常歩）走法」や「ターンオーバー」を可能にするには、もうひとつ重要な条件が必要になってくる。足の「フラット着地」である。

「フラット着地」という言葉は、シアトルマリナーズのイチローや陸上男子１００メートルのアジア記録（10秒00）保持者の伊東浩司を指導した小山裕史（ワールドウイング代表）によって命名されたもので、足裏を平面的に接地させることを意味している。

別の言い方をすれば、足裏の一部分に主役をさせないための接地方法ということになる。

カール・ルイスが活躍していた当時、日本陸上界および体育教育に浸透していたのが、いわゆる〝拇指球信仰〟。すなわち、「蹴る」というコーチングだった。試してもらえれば分かるが、地面を「蹴る」ためには拇指球への依存がどうしても不可欠になってくる。

先の「日本人の足はターンオーバーしていない」というテレツの言葉は、この「蹴る」ことに対する戒めであり、「蹴る」（地面の引っかき動作）ことから派生する足の過度な後方スイング（足が後方に流れること）が、ターンオーバーを遅らせるという指摘でもある。

それを回避するための方法論が、テレツが勧めた「足裏を真下に踏みつける」という足の運びであり、小山が提唱する「フラット着地」である。

「しかし……」と、小田は言う。

「主観と客観の間には、往々にしてズレがあります。自分ではそうやってるつもりでも、外から見るとそうじゃないときが多い。ようするに、フラットに接地しているつもりでも、体重が足裏の内側に乗り、拇指球で蹴ってしまうということですね。そのズレを埋めることも必要です。

本当のフラット着地を生み出すのは、足裏のアウトエッジ気味による接地です。踵から入って小指球（小指の付け根辺り）に抜け、拇指球に体重が乗る前に足がパッと離れるという感じですね。これはあくまでも感覚的なものですから、人によっては拇指球で押すという感じになるかもしれない。

つまり、二軸的な足の運びと股関節の外旋・内旋運動に、アウトエッジによるフラット着地の要素を加味することで、ターンオーバーがよりスムーズになります」

ここで、話は再び「チャップリン歩き」と「チンピラ歩き」に戻る。この2つの一見奇異なガニ股歩行が、こうした条件をほぼ満たしていると考えるのは、はたして私だけなのか。

特にチャップリンの歩き方は、身体が左右交互に傾くヤジロベー的な動きを見せているものの、左右の腰が並列的に押し出され、慌ただしいほど素早いターンオーバーが引き起こされている。

この歩きを徐々に走りへと転化していく。私が「チャップリン歩き」の会得を勧める理由がここにある。

主観と客観のズレを埋める

また、競歩の杉本明洋。小田の教え子でもある彼の歩きを観察したとき、私の目にやや違和感を残したのは、腕の振りに際しての肘の角度だった。

先に「後方から前方へと送り出されるような柔らかな腕の振り」という彼への印象を書いたが、腕が文字通り送り出されるように見えたのは、肘の角度と関係していたのかもしれない。

実は、ここにも主観と客観のギャップが横たわっている。

杉本が言う。

「自分では肘を90度に保って、腕を振っているつもりですが、周りからはよく『腕が低いな』と言われます。ですから、自分としては45度の感覚で腕を振らなければ、実際には90度にはならないわけです。

ただし、90度がいいから90度に保てばいいという問題ではない。それって、歩いていないときの定義ですよね。普通の人は静止している状態で、フォームを考えがちですが、スポーツの場合はやはり動きの中から考えなければいけないでしょう。動けば慣性力や遠心力が働きますから、肘を90度に保ったつもりでも、腕はどうしてもそれより低くなってしまう。それを客観的に観察してもらい、また自分でビデオなどで確認することによって、主観と客観の感覚的なズレを埋めていく。大事な要素だと思いますね」

「二軸走法」と「中心軸走法」の感覚的な違い

では、「二軸走法」と「中心軸走法」、この2つの走り方は、感覚的にどんな相違を肉体にもたらすのか。

小田が説明する。

「身体の中心軸を使った歩きや走りになると、左右の腕と左右の足を互いに逆方向に捻じる、いわゆる『左右交差型』の動きになります。そうなると、右腰が前に出たときに、左腰が後ろに残ってしまう。右腕も後ろに引いている状態ですし、これは前に行こうとする力に後ろ向きの力を加えているのと同じです。ブレーキがかかっているわけですから、どうしても筋力に依存した走りにならざるを得ない。いわばば、〈足し算・引き算〉の動きということになりますね。

それに対して、左右2つの軸を交互に使った走歩行は、〈足し算・足し算〉の動きということになる。外的な力である重力や慣性力を〝主〟として使い、内的な力である筋力を〝従〟として使うという発想がそこにあるわけです。

末續選手の走りは、一方の足が後ろにいくときに、同じ側の腰と脇腹がグングン前に出るのが特徴です。足が地面から離れた瞬間、鞭《むち》のように前に出て、勝手に接地足を追い越していくという動きの連続ですね。彼の感覚では、脚の付け根は股関節じゃなく、脇腹ということになる。そこから切り返すから、足が鞭のように送り出されるわけです」

脇腹を脚の付け根とする感覚。そう考えると、末續がノルマとして課すという、1日2500回の腹筋の意味も解けてくるかもしれない。

つまり、腹筋周辺を股関節に見たてて使うための補強トレーニングの一環である。それが、またもうひとつの波及効果をもたらす。慣性力を最大限に活かすための姿勢の維持が可能になることである。

末續は口にしている。

中心軸を使うと〈足し算・引き算〉の動きになる

地面を蹴ることで足の後方スイングが大きくなり、ターンオーバーが遅くなっている

上体を激しく捻じり戻しているため、労力のわりにはスピードが上がらない

「動物みたいに身体を折って走る。ようするに『くの字』を維持したまま地面と平行に走りたいという発想があったんです。そういう格好にするにはどうしたらいいのか、と考えたとき、お腹を締めるということが思い浮かんだ」

また、外的な力を〝主〟として使うと言えば、2004年のベルリンマラソンを日本最高記録（2時間19分14秒）で制した渋井陽子の走りは、まさに地球の引力や重力を利用したものと言えるかもしれない。

彼女の走りの特徴は、その前傾姿勢にある。つまり、身体を前に倒すようにして左右の股関節を交互に切り替えていくという走法で、これによってスタミナの浪費を最小限に食い止めることができる。

ただし、注意事項がある。試しに身体を倒すように走ってみてほしい。その際、接地足の爪先を走る方向へ真っ直ぐ向けると、どうなるか。

一歩進むごとに足にブレーキがかかり、前方への推進力に弊害が生じてくるのが分かるはずである。

やはり、ここでも股関節外旋と足裏のアウトエッジ気味による接地がポイントになってくるだろう。小田が述べているように、それによって接地足の股関節に前向きの力が働き、同時に遊脚側の股関節も前に押し出されようとする。つまり、交互に切り替わる身体の左右の軸がブレーキングを引き起こすことなく、軸そのもののスムーズな前方移動と素早いターンオーバーが可能になってくるのである。

渋井陽子の前傾した走り（右端。中央はシモン、左は土佐礼子）

コツをつかむ

一方、本書の冒頭に登場した早大時代の和田毅。彼の入部当初の投球フォームは、身体の中心軸を使った「左右交差型」、つまり、捻じり戻しによる〈足し算・引き算〉の動きだった。

この和田の「プラス・マイナスで完結」という動きを、〈足し算・足し算〉という二乗的な動きに転化したのが、学生トレーナーの土橋恵秀だった。すなわち、前腰への軸の移動によって、後ろ腰のターンオーバーを鋭利にするというコーチングである。

現在、土橋は和田の個人トレーナーも務めているが、その指導の根幹には「コツをつかむ」という考え方がある。この「コツ」に当てはまる漢字が、「骨」であることは言うまでもない。「骨」には脊椎動物の結合組織である骨格の構成部分という意味以外に、〈物事を行う、勘どころ。物事の要点。呼吸〉（『言泉』より）という意味もあり、「コツをつかむ」とは、「物事をなす骨の働きを熟知する」「骨に身体の動きを覚えさせる」などの意味に置き換えることができるだろう。

とどのつまり、小田のコーチング同様、土橋のそれにも筋力への依存は、あくまでも二次的なものという捉え方がある。

土橋は口にしている。

「３冠王を３度も獲《と》った落合さん（博満＝現・中日ドラゴンズ監督）なんて、こう言っては失礼ですけど、お腹が出ていたし、どう見ても筋骨隆々じゃない。でも、フニャフニャした感じから、スコン！　とホームラン飛ばしましたよね。あれを見て、身体の使い方っていうのは、何かコツがあるんだろうなって思ったんです。

で、自分が怪我を経験したり、いろいろ考えたりしていくうちに、力を抜くことの重要性

落合博満のゆったりとした構え。全身の筋肉が解放されている

が分かってきた。そのためには、身体の関節を意識しつつ、それらをバラバラにするような感覚が必要なんです。でも、早大の野球部員の多くは股関節回りを特に緊張させていた。だから、股関節回りをリラックスするようにアドバイスしました。『マリオネット（あやつり人形）のようになりなさい』ともよく進言しましたね」

股関節を緩め、膝を〝抜く〟ように脱力させた「チャップリン歩き」。文字通り重力を〝主〟とした下半身の動きで、私がマリオネットを彷彿《ほうふつ》とさせるこの珍奇な歩きを特に勧める理由の一端が、ここにもある。

腕の上下への動き

もっとも、「速く走る」ために必要なのは、下半身の動きだけでない。上半身の動きも、加味しなければならないだろう。

女子マラソンの高橋尚子と野口みずきの腕の動きの特徴はすでに説明したが、この上半身の動きについて、私たちはどう教えられてきたか。かいつまんで言うと、胸を張り、顎を引いて、腕を前後に大きく振るという動作である。だが、その話に入る前に、触れなければならないことがある。

腕の振りとは、そもそも何なのか――。小田によると、ここでも〝常識の嘘〟がまかり通っているという。

「腕は肩甲骨から動かさなければならないとよく言われていますが、肩甲骨だけを動かすということはあり得ません。手裏剣の名手は肩を動かすのではなく、胸骨と鎖骨の間にある胸鎖関節を動かしています。つまり、腕は肩関節からついているのではなく、実は胸鎖関節からついているんですよ。これと同じように、走るときの腕振りも、肩関節だけが動いているわけではない。肩甲帯を構成する肩関節、肩甲骨、胸鎖関節が、全部動いているわけです。しかも、腕の自然な動きというのは、前後ではない。どちらかと言うと、上下に動くのが自然なんです」

腕の上下への動き。この自然な反射動をよりスムーズにするためには、肩甲帯そのものをリラックスさせる必要がある。

そのためには、鎖骨に付着する胸鎖乳突《にゅうとつ》筋と呼ばれる筋肉群を緩めなければならない。具体的には、顎を引くのではなく、やや前に突き出すことによって、肩甲帯の緊張がとれるという。

実際にやってみれば、その感覚が分かるだろう。まず、胸を軽く張って顎をグッと引いてみる。すると、肩甲骨と両肩が引き上げられる。筋肉が緊張している証拠である。

次にその状態から顎を軽く突き出してみる。今度は肩甲骨と両肩が、脱力してスッと落ちる。緊張が解かれた瞬間である。

実際、世界のトップランナーのランニングフォームを観察すると、その多くが顎を軽く突き出しているのが分かる。これによって、肩甲帯がリラックスし、自然な腕の振りが生まれるのである。

顎を引いて走ることを奨励してきた学校体育。ここにもまた、体育教育の〝虚妄《きょもう》〟がさらけ出されているだろう。

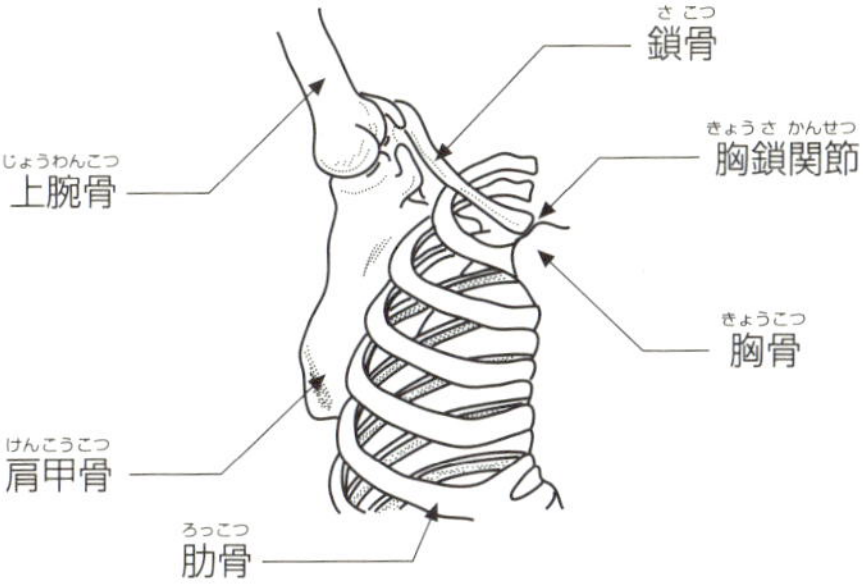

肩甲骨周辺（腕を上げた状態）

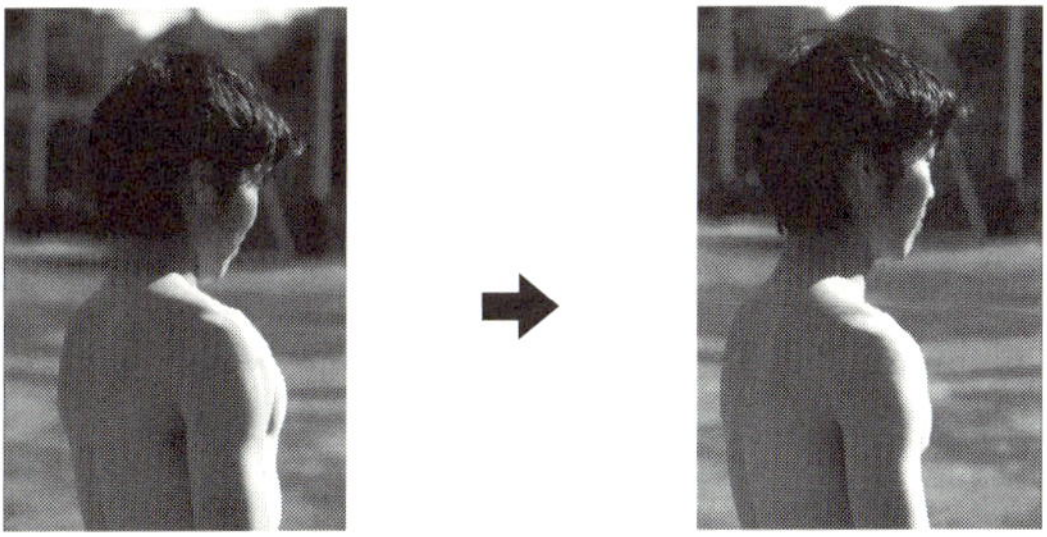

顎をグッと引いた状態（左）から軽く突き出すと（右）、肩甲骨と両肩が脱力してスッと落ちる

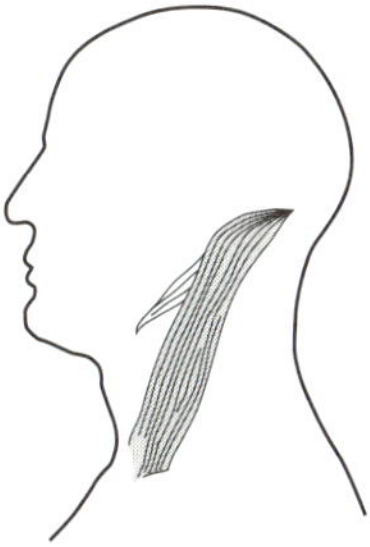

胸鎖乳突筋

「女子マラソンの世界最高記録保持者のポーラ・ラドクリフの走りは、首が前後左右に揺れて、いかにも頑張っている印象を周囲に与えます。でも、実際は逆なんですよ。胸鎖乳突筋を緩めてるから、ああいう感じになるわけで、自然に引き起こされる揺れということになります。

また、胸鎖乳突筋がリラックスすると、肩甲帯だけでなく、顔の筋肉も緩みます。陸上のテレビ放映では、正面からのスローモーション映像がよく映し出されますが、トップアスリートほど頬の筋肉がグニャグニャ揺れている。そういう意味で、亡きフローレンス・ジョイナー（陸上女子100、200メートル世界記録保持者）のゴール手前のあの微笑《ほほえ》みなんて、究極の〝緩み〟だったのかもしれませんね」

すべてのスポーツに必要な胸鎖乳突筋の緩み

もっとも、胸鎖乳突筋の緩み、ひいては肩甲帯のリラックスは、陸上競技だけに求められるものではない。あらゆるスポーツがその条件を必要としている。

個人的なことになるが、大学時代、私は体育会系のボクシング部に所属していた。その中で監督やコーチに「唯一絶対的なスタイル」として押しつけられたのが、「ガードを目の位

首が前後左右に揺れるラドクリフの走り（2時間15分25秒の世界最高記録で2連覇したロンドンマラソンでの走り）

フローレンス・ジョイナー。ゴール手前の微笑み（ソウル五輪陸上女子１００メートル決勝）

ヒクソン・グレイシーの自然体の構え。顎を軽く突き出し、胸鎖乳突筋を緩めている

置まで掲げ、顎を引く」というコーチングだった。ディフェンス重視のスタイルである。

しかし、世界の一流ボクサーのスタイルはどうか。たとえば、モハメド・アリ（元・世界ヘビー級王者）や辰吉丈一郎（元・世界バンタム級王者）などだが、彼らに共通していたのは顎をやや突き出し、ガード（特に左ガード）を低めにするというファイティングスタイルだった。肩甲帯をリラックスさせていた証拠である。

アリの「蝶のように舞い、蜂のように刺す」という、あの芸術的なフットワークやジャブの秘密がそこに隠されているが、辰吉のガードの低さに関して言えば、元トレーナーが私にこう説明している。

「辰吉の場合、ガードを低くすることで、パンチに連続性と切れが生まれます。それだけではない。防御センサーがよりいっそう働くようになるんですよ」

さらに、グレイシー柔術のヒクソン・グレイシー。総合格闘技で「400戦無敗」を誇る彼もまた、顎を突き出すようなファイティングポーズが特徴で、肩甲帯そのものを脱力させている。

いわば、自然体からの攻防ということになるのか。高田延彦や船木誠勝といった筋力依存型の格闘家を苦もなく撃破してきた彼のファイトには、たしかに人間の奥に秘めた身体操作の叡智を見ることができるだろう。

〈抜き〉〈脱力感覚〉で傾きを抑える

前に述べたように、二軸による走法は骨盤の幅を利用した左右の骨盤への軸の移し替えによって可能になる。これは片足へ交互に体重を乗せるという意味にもなり、額面通りに行えば、ヤジロベーのような上体の左右交互の傾きを派生させてしまうだろう。

それを抑え、身体の平行的な移動を可能にするのが、〈抜き〉〈脱力感覚〉という要素である。

小田が説明する。

「右足が接地するとき、地面からの力（反力）を受けて、離地した左足は上がっていく。しかし、慣性と重力の法則で左腰と左肩は上から下へと流れていくんです。このときの感覚として必要なのは、接地した右足の膝を緩めると同時に、左腰と左肩を〃抜く〃ように落とすことです。それで、浮いている左足が接地足の右足と交差していく過程で、左腕も肩甲帯ごと斜め下へと流れていく。そうして、今度は左足が接地すると同時に、右腰と右肩が斜め下へ流れていく。その淀みのない左右の切り替えによって、体はヤジロベーになることなく、前方へのスムーズな移動を続ける。そのとき、腕も慣性の法則によって一緒に前に送り出されるような形になるわけです。

末續選手が『相撲のテッポウのように腰と一緒に腕を前に送る』と口にしていますが、まさにそんな感じかもしれません。で、加速がつくにつれて、身体の中心に調整軸のようなものができてくる。その調整軸が身体の左右の軸を引き摺り込むという感覚が出てくるでしょう。

ただし、この一連の〈抜き〉は意識してできるものではない。意識的にやろうとすると、かえって力んでしまうことがあります。つまり、無意識に行われなければ、最高のパフォーマンスは生めないということです」（〈抜き〉感覚を養うエクササイズは２３３ページ参照）〈抜き〉によって半身が交互に流れ落ちていくという走りの形態。それが顕著に出ていたのが、アテネ五輪男子２００メートル金メダリストのショーン・クロフォードの走りである。VTRを見て分かったが、彼の場合、腕が後ろから前に振り出される過程で、肘が一瞬下がって前方へと送り出されている。

また、モーリス・グリーンのスタートからのスローモーション映像を見ても、〈抜き〉の要素が如実に現れているのが分かる。グリーンのスタートは、右の軸からの飛び出しだが、このときの肩の動きに着目すると――。

スタートすると身体は右から左に倒れるようにして、前に出る。続いて左足が接地し、身体の左サイドに軸が移行する。このとき、右肩は高くなるが、次の瞬間には右肩が斜め前方へと落ちながら流れ、右足の接地と同時に右サイドに軸ができる。そして、今度は高くなった左肩が斜め前方へと落ちていく。

つまり、低い姿勢を維持しつつ、〈抜き〉による淀みのない軸の切り替えを行い、高速の世界を作り出していくのが、グリーンの走りの特徴ということになるだろう。

ショーン・クロフォードの〈抜き〉を利用した腕を送り出すような走り
©Getty Images/AFLO

モーリス・グリーンのスタート（奥）　©フォート・キシモト

井桁崩し

では、半身が交互に流れ落ちていくという淀みのない軸の切り替えにおいて、クロフォードやグリーンの肉体の内部では、どういう動きが起きていると考えられるのか。

古武術の身体技法に詳しい読者なら、すでに気がついているかもしれない。いわゆる、「井桁《いげた》崩し」。古武術研究家の甲野善紀が提唱している身体運用のひとつが、彼らの体内で引き起こされているという解釈である。

この「井桁崩し」を理解するためには、車のワイパーなどのヒンジ運動（蝶番《ちょうつがい》運動）との対比で考える必要があるだろう。

まず86ページの図を見ていただきたい。

①の図は支点をひとつに固定（固定的支点）したヒンジ運動を表したものである。一方、図②の長方形には、４カ所の支点が存在する。この４つの支点が同時にそれぞれのヒンジ運動を開始すると、長方形は図③のような平行四辺形へと姿を変えていく。簡単に言うと、この長方形から平行四辺形への移行が「井桁崩し」ということになる。ちなみに「井桁」とは、昔の井戸で上部の縁を木で「井」の字に組んだもののことである。

そこで、肋骨を長方形と見なして、前述の走りを正面から観察してみる。すると、どうな

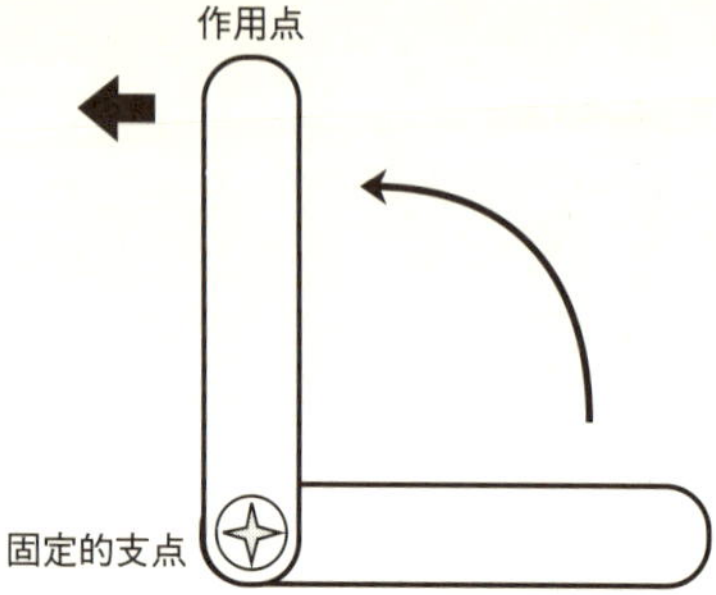

① ヒンジ運動

②

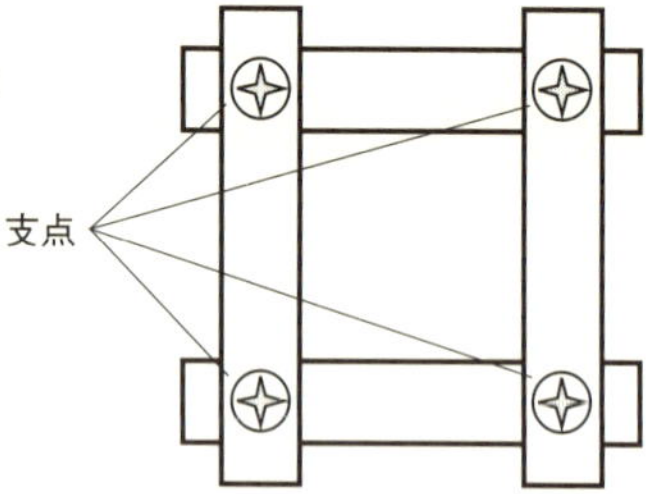

③

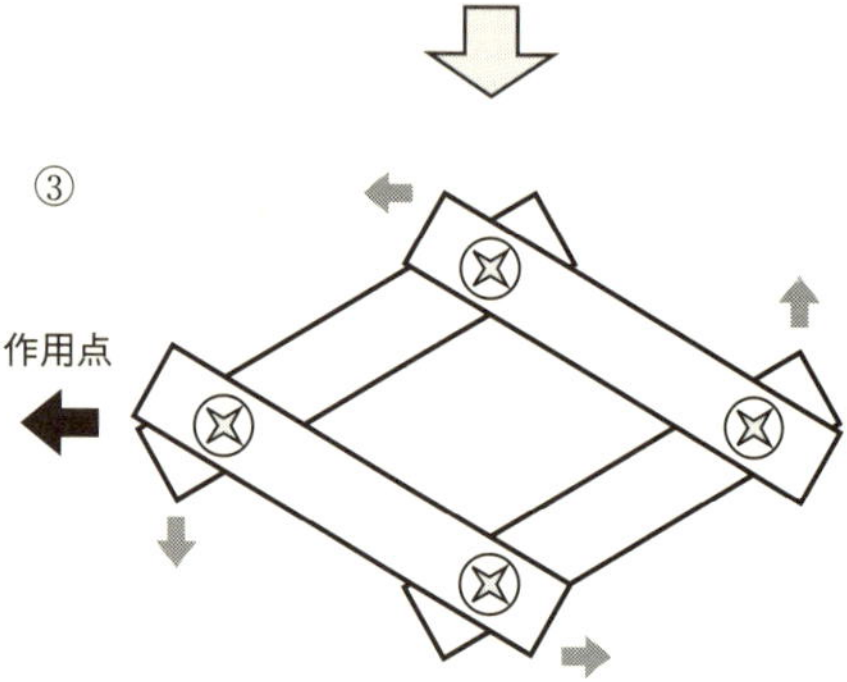

走りにおける、ヤジロベー化を防ぐための肋骨の変化の推移（正面から）。結果的に①〜③の流れが淀みなく行われる

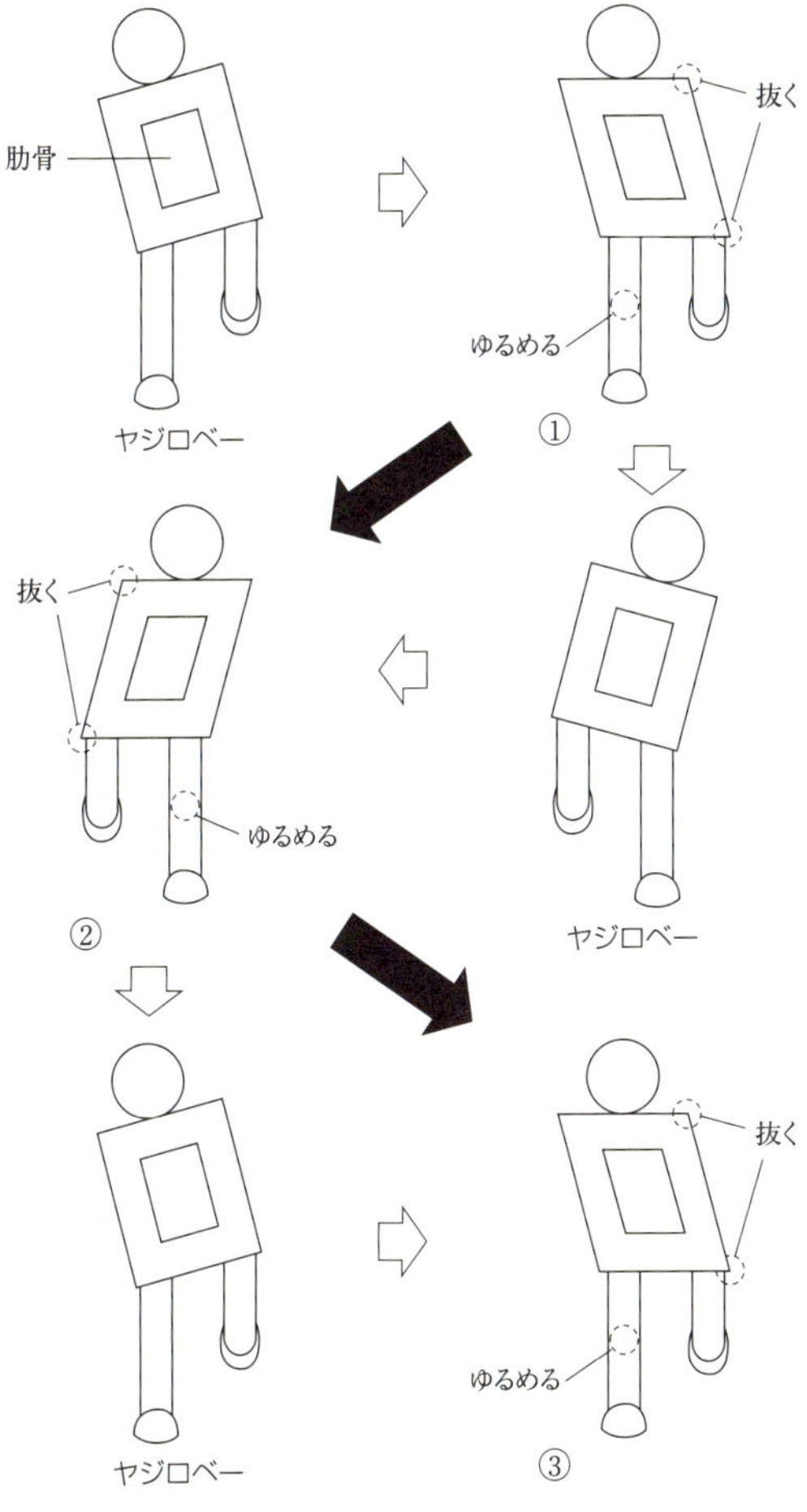

るか。

肋骨が交互に平行四辺形へと姿を変えているのが、理解できるだろう（87ページのイラスト参照）。つまり、左右へと間断なく潰《つぶ》れる肋骨の形態が、それである。

では、末續慎吾はどうなのか。実は彼の走りの中にも、この「井桁崩し」を含む古武術的な身体操作の応用が見え隠れしている。

末續の走り

東京・国立市の桐朋高校バスケットボール部コーチを務める矢野龍彦（桐朋学園大学教授）。日本陸連の公認コーチでもある彼は、末續の走りをこう分析している。

「末續は体の捻じりを極力抑えたいという思いがあるのでしょう。捻じると、どうしてもスタミナを消耗するし、前方への推進力が削がれる。そのため、彼は肩を上下に動かすようにして腕を振っている。いわば、左右の肋骨を交互に平行四辺形へと変形させるような上半身の操作ということになります。これによって、肩が水平ラインを保ったまま、流れるような走りが可能になる。

また、末續の〝腕振り〟の特徴がより効果的に発揮されているのが、コーナリングにおいてです。両肩を前後にほとんど動かすことなく、肘から先だけを身体の斜め後方に振り下ろしている。これによって、推進力にブレーキをかけず、コーナリングにおける遠心力も制御されます。『世界一のコーナリング』と呼ばれる理由がここにもあると思います」

桐朋高校のバスケットボール部と言えば、古武術の動きをヒントに、無名校から強豪校へと劇的な変化を遂げた高校として知られている。１９９９年３月ごろから古武術研究家の甲野善紀の教えを受け、翌２０００年にはインターハイと全国選抜大会へのダブル出場を果たした。

末續慎吾のコーナリング

甲野の提唱する基本動作は、「捻じらず」「うねらず」「踏ん張らず」の3要素。これらが、瞬時にして気配のない動きを可能にするという教えである。

同部が試みたのは、この3要素のバスケットパフォーマンスへの応用だった。なかでも全国区レベルへの最も大きな武器となったのが、いわゆる「桐朋流ナンバ走り」である。これによって、「いくら走っても走り負けしない」という抜群のスタミナ維持がもたらされ、２人で１人の相手を追い回す徹底したプレスディフェンスも可能にさせた。

同バスケットボール部の金田伸夫部長はこう口にしている。

「ナンバ走りには右足と右手を同時に出すというイメージを持ってました。でも、それをそのままやると、全然走れないんですよ。で、どうするか、部員たちと話し合っていくうちに、ある子が右足を出したときに、右の肘から先を引き上げるという走り方を編み出した。これを実践してみると、身体を捻じることなくバランスがとれ、スタミナを浪費することもないことが分かったんです。

うちは進学校で、練習時間も短い。それでも、いくら走っても疲れないわけですから、みんな嬉しくてしょうがなかったようです。やがて、肘から先を引き上げなくても走れる部員も出てくるようになって、ここから桐朋のディフェンス形態が確立されていきました」

そこで、この「桐朋流ナンバ走り」を実践したときの肉体内部の動きに着目してみると——、

まず、右足が接地したとき、右の肘から先を引き上げることで、遊脚側の左半身が下へと

落ちる。これによって肩の傾きが制御される。このとき身体の中で起こっているのが、左右交互に形を切り替える肋骨の「井桁崩し」ということになる。いわば、一流スプリンターが遊脚側の肩と腰の〈抜き〉によって両肩の水平ラインを保っているのに対して、「桐朋流ナンバ走り」の場合は肘から先の引き上げによって、それを意図的に行っていると言っていいだろう。

バスケットボールには多様なパフォーマンスが要求される。必ずしも直線的なハイスピードを必要としないが、上記の動きが短距離走へと転化された場合、グリーンや末續、さらにガトリンのような一流スプリンターの走りが生まれる。

末續自身、〃腕の振り方〃について「相撲のテッポウのように腰と一緒に腕を前に送る動き」と説明していることは、先の小田のコメントの中で紹介したが、これが従来の「ナンバ」に似ていることから、末續は「ナンバ的な腕振り」という表現もしている。

外的な力が主、内的な力は従

その「ナンバ的な腕振り」を末續にもたらす引き金となっているものは何か。言うまでもなく、あの独特のスタートである。

再び矢野のコメント——。

「クラウチングスタートでは通常、左右いずれかのスターティングブロックを後方に数十センチ離す。これは一方の足で蹴ってスタートを切るための従来の方法です。しかし、末續の場合、スターティングブロックの位置は、スタートラインとほぼ平行に置かれている。ようするに、足がほぼ揃った状態で、前方に倒れ込むように飛び出すわけです。それによって、体幹の捻じれが抑えられ、スムーズな足の運びが可能になる。つまり、最初の数歩が速く、トップギアに入りやすいスタートということになるでしょう。

これに対して、片方の足を後方に置いて蹴る通常のクラウチングスタートは、どうしても最初の一歩で体幹を捻じることになる。ローギアの状態で出るから、最初の数歩に時間がかかることになります」

足を揃えた状態での前方に倒れ込むようなスタートが、小田の唱える「外的な力（重力、慣性力）を〝主〟とし、内的な力（筋力）を〝従〟とする」二軸走法に通じることは、改めて説明するまでもない。

アテネ五輪での末續の敗因（2次予選で敗退）は、この〝重力を友とする〟スタートダッシュの失敗にあったと言っても過言ではない。前傾姿勢が不充分なまま、すぐに上体が起き

前方へ身体を放り投げるようにゴールインする劉翔 © Getty Images ／ AFLO

上がったことが、その後の推進力を削いでしまったことは、映像からも明らかだった。

一方、同五輪の陸上男子110メートル障害で金メダルを獲得した中国の劉翔。彼の場合、低い姿勢からのスタートダッシュと前傾を維持したまの鋭いハードリングが特徴だが、最後のハードリングを終えたゴールまでの走りは、文字通り体を前方へと放り投げるようなものだった。「外的な力を〝主〟とする」惰性的な走りの形態が、そこにはいかんなく晒け出されている。

では、スタート時における「内的な力（筋力）」とは、どういう動きを指すのか。言うまでもなく、これは「蹴る」という動作を意味する。「蹴る」とは、これまで何度も説明してきたように、拇指球に主役をさせるということであり、スタートにおいてこの動作が〝主〟になってしまうと、瞬時にしてスムーズな前方への推進力が阻害されてしまう。

小田が説明を引き継ぐ。

「通常、スタートは拇指球に体重を乗せ、スターティングブロックを蹴ることによって前に出るという考えのもと、行われてきました。これが〝常識〟だったわけです。ところが、100メートルアジア記録保持者の伊東浩司の場合、スターティングブロックに足裏をフラットに乗せる。で、踵を強く押すようにしてスタートするのが特徴でした。それによって、溜《た》めのない素早いスタートを切ることができたわけです」

走る初動において、鍵となるのは、やはり踵ということになるのか。

〈きびすをつよく踏むべし〉

そこで、第1章で紹介した宮本武蔵の『五輪書』「水之巻」の〈足づかひの事〉の文を、改めて登場させる。すなわち、〈足のはこびやうの事、つまさきを少しうけて、きびすをつよく踏むべし……〉（足の運びは、爪先を少し浮かせて、踵をつよく踏め）の件《くだり》である。

剣道7段でもある前出の木寺英史。彼自身、教えられてきた既成のコーチングに従順なタイプだったならば、古伝の叡智に触れることも、剣道や走歩行における次のような発見もなかったかもしれない。

「前足の膝を抜き、それを前方へ振り出すと同時に、爪先立ちした後ろ足の踵を床に落とすという実験をしました。すると、蹴らなくても、スッと前に出られたわけです。その後、今度は後ろ足の踵を床につけたまま、同じように抜いた膝を前方に振り出すと、さらにスムーズに前に出ることができた。ちょうど、後ろ腰が勝手に前に押し出される感じで、そのまま竹刀を振り下ろしながら歩けるようにもなりましたね。

体重のかけ方は、だいたい前足に3、後ろ足に7。後ろ足は外旋気味にしますが、このぐらいの割合で前足の軸を消す（膝を抜く）と、後ろ腰の前方への送りが素早くなる。

ただ、注意しなければいけないのは、軸を消した前足の膝を振り上げないことです。あくまでも膝だけを前に送り出すのが大事で、振り上げてしまうと、骨盤が後傾し、前方への移動がうまくいかなくなる、

また、後ろ足を蹴ってもいけません。パフォーマンスがそこでいったん完了してしまい、連続的な動きを阻害してしまうからです。これは、走りや歩きにも言えることですが、われわれは随分と長い間、逆のことを強いられてきたんだと、つくづく思いますよ」

近代スポーツにおける〝常識の嘘〟。なかでもあらゆるスポーツの根幹要素である「正しい走り方」が、なぜ、曲解されて受け継がれてきたのか。

次章では他の理論を紹介しつつ、コーチングの虚像と実像をさらに検証し、それが生まれた背景も探り出していく。

第3章　走りの「常識」の虚妄

〝中心軸信仰〟

両肘を両脇から離し、腕を〈くの字〉に曲げ、前後に大きく振って走る——。運動会の徒競走などで、よく見かけるランニングスタイルである。

だが、このタイプの選手が勝利の栄冠を手にすることは滅多にない。左右にぶれた身体を引き摺るように、疲労困憊《こんぱい》気味でゴールするのが常である。

一方で、多くのスポーツ指導者が長きにわたって妄信しているコーチングがある。私が近所のシニア野球チームのダッシュ走トレーニングを見学したときのことだが、監督がこう怒鳴り散らしているのを耳にした。

「腿を上げろ！　土を強く蹴れ！　お前ら、腿を上げないで、速く走れると思ってるのか!?」

しかし、監督の強要を真摯に実践している部員ほど、ノロマだという事実はどう説明したらいいのか。

前述の2通りの走りの共通項は、左右の足と左右の腕を互いに逆方向に捻じる、いわゆる「左右交差型」の走りということにある。言葉を換えれば、身体の中心軸を利用した「捻じり戻し運動」による走りということになるだろう。

この走りについては、京大大学院助教授の小田伸午がすでに「足し算・引き算」という説明をしているが、古武術研究家の甲野善紀もこんなマイナス点を指摘している。

「身体の中に捻じりが生じると、それによって全体の流れにブレーキをかけることになる。腕を振ったり、地面を蹴ったりすることで、止まる瞬間を作っているわけです」

前後への大きな腕振りにせよ、腿を高く上げて、強く地面を蹴るというコーチングにせよ、これらはわれわれが〝常識〟としてきた「速く走るための」必須条件だった。しかも、何の疑問も抱かず、そのコーチングを後世に連綿と語り継ぐといった愚挙を犯してきたのもわれわれである。いわば、「親の因果が子に報い、子の因果がその子供に報い……」といった「負」の因果の継承と言えるかもしれない。

もっとも、この長年にわたる〝中心軸信仰〟は、陸上界や野球界だけに蔓延してきたものではない。バスケットボール、ボクシングなど、ほとんどのスポーツパフォーマンスに求められてきた要素である。

ベーブ・ルースの時代の打ち方?

愛知県小牧市のスポーツマッサージ「五体治療院」の代表を務める小山田良治。小田や木寺との共同研究者でもある彼は、その独自の身体運用法やトレーニング法をもって、Jリーガーやプロ野球選手、競輪選手などへのコーチングや治療を行っている。

「聞いた話ですが」と前置きして、小山田が口にする。

「野球のバッティングにおいて身体の中心に軸を作るというのは、そもそもベーブ・ルースの時代の打ち方だということです。というのも、当時のバットは重量が1500グラムほどもあった。今の倍近くも重く、体の中心で回転して、ボールを飛ばすという考え方だったんです。

で、20世紀最大の魔球と言われる落ちる球が出現したことで、それに対応するためにバットが軽量化されていった。それに伴ってアメリカの打者は、中心軸打法から身体の左右いずれかに軸を移すという打法を取り入れていったわけですが、なぜか日本ではベーブ・ルースの時代の中心軸打法がコーチングの常識として残ったようです。

日本の野球指導者がこだわり続けたものに、ダウンスイングというのがありますね。あれは、まさに中心軸での打ち方です。長嶋茂雄さんが以前テレビで言ってましたが、ダウンスイングとはアップ、ダウンのダウンを指し、スイングの終わりごろの形を意味する。つまり、振り出しのことではなく、振り終わりのことをダウンスイングと呼ぶそうです。それが、日本ではいつの間にか、上から叩き付けろ、ということになった」

先に触れたように、私は元アマチュアボクサーである。中心軸と言えば、私は「ガードを目の位置に掲げ、顎を引く」というコーチング以外に、実はもうひとつの〝常識〟を指導者によって植えつけられてきた。

身体の中心の軸を維持したまま、左右のパンチを繰り出すというパフォーマンスの強制である。しかし、この中心軸感覚の動きが、連打や強打を困難にするばかりでなく、疲労を倍増させることが、今では私自身の中ではっきりしすぎるほどはっきりしている。

スピードが落ちるコーチング

同じようなコーチングの虚像は、走力における筋力や姿勢についての考え方にも当てはまる。すなわち、「腿を高く上げ、地面を強く蹴るため」の筋力養成と、推進力を助けるための「胸張り」の必要性という〝常識〟である。

小山田が続ける。

「瞬発力には筋力も必要です。つまり、スピードを上げて、加速に入るための筋力ですね。ただ、スピードを上げたはいいけれど、自分の筋力でスピードを落としてしまうことがあります。１回の力が強くなりすぎて、連続動作が削がれてしまう。強く踏み込むことによって足が後ろに流れすぎてしまい、足の引き戻し（ターンオーバー）が遅れてしまうんですね。

また、筋力によって腿が上がったり、ストライドが伸びたりしても、走りが遅くなることがある。というのも、大きなストライドというのは、一見速く進んでいるようで、実は動きそのものにブレーキをかけていることになるからです。だから、筋トレのやりすぎが、ときにスピードを落とす要因にもなるわけです」

アテネ五輪女子マラソンでは、独走態勢に入った野口が後半の10キロに及ぶ下り坂で、キャサリン・ヌデレバに猛追されるというシーンがあった。

野口はストライド走法、ヌデレバはピッチ的な走法だが、ストライド走法の盲点が、この長い下り坂で露呈している。

小田の解説――。

「野口のストライド走法は、膝から下が前に振り出されるのが特徴のひとつで、地球の重力に対して垂直に足を置くという走り方です。ですから、下り坂ではどうしてもブレーキをかけながら走るという感じになる。しかし、ヌデレバの走りは膝から下が振り出される走りではなく、斜面に対して垂直に足を置くというものです。つまり、ブレーキのかからない走りということになり、野口の下り坂でのピンチはそこに大きな原因があります」

一方、走るときに必要とされる「胸を張る」という姿勢。このコーチングについては特に異議を唱えるつもりはないが、この姿勢に「腿上げ」や「蹴る」といった動作を介在させると、話は少しややこしくなってくる。

しかし、その説明に入る前に、ある筋肉の存在について触れなければならない。

腸腰筋《ちょうようきん》――下腹部にあるインナーマッスルである（215ページを参照）。インナーマッスルとは関節をブロックし、安定を促す筋肉群のことだが、走りにおける腸腰筋の特徴は、一方の足が後方にあるとき、伸張反射（伸びたり広がったりする筋肉の生理的反応）によってそれを前方に引き戻そうとする働きを持っていることにある。

したがって、足を後方へ強く蹴り込むという動作は、腸腰筋の働きを鈍化させることであり、ターンオーバーの遅れを引き寄せる原因にもなる。

小山田によると、この腸腰筋は意図的に動かせるものではなく、収縮性を失っている者もいるという。

では、どうしたら腸腰筋を「速く走るための」武器にできるのか。

「重要なのが姿勢です。骨盤が真っ直ぐ立っている状態にすることが大事ですが、それによって腸腰筋も伸びている状態を維持でき、そこから伸張反射を促すことができるわけです。逆に骨盤が後ろに寝てしまうと、腸腰筋は収縮したままで、股関節がどれだけスイングしても、伸びてくれません。つまり、骨盤が立って、やや反っている感じが腸腰筋の働く姿勢ということになります。

しかし、この姿勢で腿を高く上げて走ると、どうなるか。骨盤が後傾して、どうしても身体が猫背になってしまう。そうなると、腸腰筋が働かなくなるんです。ようするに、胸を張ったまま、腿を高く上げることはできないんですよ」

カール・ルイスの宙を滑るような「スイープ走法」© Getty Images／AFLO

腿上げをよしとするコーチングの誤信。さらに、足を大きく振り出すというストライド走法への妄信。

これらの思い込みの罠《わな》に陥ったのは、日本人アスリートだけではない。

ロサンゼルス五輪で陸上4冠を成し遂げたカール・ルイス。高校時代までの彼は、「腿がきれいに上がる選手」として将来を嘱望されていたが、コーチのトム・テレツの一言で、世界トップアスリートへの扉を開いている。

「そんなに腿を上げちゃいけないよ。腿は勝手に上がってくるものであって、そのときは下げなくちゃいけない」

以来、ルイスの走りは「スイープ走法」（箒《ほうき》で掃くような走り）へと進化していく。

また、１００メートル前世界記録保持者のモーリス・グリーン。彼もまた、かつては腿を高く上げて走るスタイルに固執していたが、コーチのジョン・スミスとの出会いによって、低い姿勢から小刻みに足を運ぶ走法に変えた。

たしかに、腿上げやストライドを伸ばす走法が、「より速く走るための」条件になりうるのかということを再考したとき、多くの矛盾点がさらけ出されてくるのは否定できないだろう。

〈抜け〉感覚

たとえば、ハイジャンプの選手を思い起こしてほしい。跳躍に入る前の最後の一歩を、大きく踏み出していることが分かる。

一方、走り幅跳びの際の足の運びはどうか。踏み切りラインの手前で、歩幅を小刻みにして、跳躍に移るのが特徴である。また、一流プロ野球選手、特に内野手のスローイング。これもまた、スローイングの際の最後の足の運びを小さくする傾向がある。

すなわち、足の運びとエネルギーの相関については、こう定義することができるだろう。上にエネルギーを働かせるときは大きく踏み出し、前方へとエネルギーを吐き出すときは、

ソウル五輪陸上男子100メートル決勝。MAXのスタートで早くも飛び出したベン・ジョンソン

小さく踏み出す――。

「ストライドを伸ばしすぎると、上体が起き上がってしまうということです。これでは、前方への推進力が削がれてしまう。速く走るためには、連続性、つまり足の回転が速いことが重要になってきます。車がスピードを上げたとき、タイヤの回転数は多くなりますよね。走るのもそれと同じで、ブレーキをかけずに足の回転を速くすればいい。しかし、加速すると、自然とストライドは伸びてくるもの。要は足の回転数にストライドが負けなければいいわけです。

　スタートにしても同じです。ベン・ジョンソンの時代の短距離は、まさに瞬発系、パワー系といったことに重点が置かれ、1歩目を大きく踏み出し、MAXの力でダン！と飛び出すのが主流でした、しかし、それだと負荷がかかりすぎて、ニュートラルな状態に持っていくまでがきつい。それを補うために、筋肉を増強するしかなかったわけです。

自転車競技のスタートがありますね。これはスタンディングといって、静止状態からスタートしますが、この場合、１歩目を強い力で踏むと、後半の力が出なくなることがあります。しかし、１歩目を軽めというか、そこそこの力で踏んで、２歩目を強く踏むと、力が半分ぐらいで済んで、加速に乗せやすい。つまり、動き出してから、力をかけてやるというスタートです。

モーリス・グリーンのスタートはスケートの清水宏保のスタートを参考にしていると言います。低い姿勢を維持しながら１歩目、２歩目、３歩目で力をチャチャチャと細かく分けた、加速までの予備動作を重視したスタートですね。で、こうして加速に入ると、後は高いスピードを維持させることが必要になってくる。それが〈抜け〉ということです。いかに力を抜くかということが重要になってくるわけですね」（小山田）

ここで言う〈抜け〉には、慣性力を利用した惰性的な走りという意味がある。よって、京大大学院助教授の小田が「膝を緩める」などの脱力感覚の意味で〈抜き〉という表現を使ったこととは、意味合いが少々違ってくる。かつてブームになった「初動負荷理論」に従えば、

低い姿勢を維持し、力をチャチャチャと細かく分けた清水宏保のスタート

動作の初期に動力源となる負荷をかけ、残りを惰性によって動かすという運動力学的な方法論に当てはまるだろう。

労力を最小限に保つことで、トップスピードを維持するという矛盾するような運動理論だが、「宙に浮くような足の運び」という言い方が感覚的に最も近いかもしれない。

事実、トップアスリートの多くが〈抜け〉感覚を重視している。たとえば、バルセロナ五輪400メートルのファイナリスト・高野進は、究極の走りについてこう口にしている。

「水面に着いた片足が沈まないうちに、もう一方の足を踏み出す」

同種目の世界記録保持者のマイケル・ジョンソンも、速く走るための条件として、「いかに強く蹴るかではなく、次の足をいかに速く出すかだ」と語っており、突き詰めれば、足の高速回転によって重力を制御するという次元にまで辿り着くだろう。

小山田によると、水面を走るトカゲがいる、という。彼らは1

秒間に20もの歩を進めることができ、まさに片足が沈む前に、もう一方の足を出すという繰り返しによって、水面を走り切る。〈抜け〉による重力の制御で、文字通り水の上を滑るように走るのである。

さまざまな工夫によって、この水面走り（歩き）に挑戦したのが、江戸時代を中心に暗躍した忍者である。

しかし、「忍者走り」に代表される忍者の身体運用については第4章に譲ることにして、ここでは〈抜け〉について、別の角度からもう少し説明を加えようと思う。

〈居つきのない状態〉〈浮き〉

早大野球部の学生トレーナーだった土橋恵秀。彼が「走り」のコーチングから和田毅を東京六大学の奪三振王に導いたことは、すでに説明した通りである。

その和田が自由獲得枠で福岡ダイエーホークス入りを果たした２００２年12月。マスコミの過熱取材に辟易《へきえき》した彼は、同僚の土橋を引き連れると、トレーニングの好環境を求めてグアムに逃げ込んだ。

「グアムには1週間ちょっと滞在しました」と、土橋が回想する。

「同期のキャッチャーも一緒に来たので、2人に海岸の砂浜をダッシュさせたんです。そのキャッチャーも和田と同じぐらい足が速く、走力にはかなりの自信を持ってましたが、砂に足がズボズボ入りましてね。往復300メートルを3本やったあたりで、完全にグロッキーになってリタイアですよ。

ところが、和田のほうはへっちゃらなんです。足が埋まることなく、砂の上をポンポン軽快に走っていく。モーターボートが波の上を飛ぶように、砂の上をトントントントン前に進んでいくんですから、見ていた僕も驚いてしまった。文字通り〝コツをつかんだ〟走りで、余分な力が抜けているんです。で、10往復を難なく走り終わると、ケロッとした顔で『これ、いい筋トレになるな』ですからね（笑）。

入学当時は足の前側にばかり筋肉がついてましたが、そのころはお尻の付け根が筋肉で盛り上がってたし、投手らしい下半身に発達してました」

水上のモーターボートのごとく、砂浜を駆け抜ける。水面を走るトカゲではないが、これは和田の足の回転がいかに高速かを物語っているだろう。つまり、〈抜け〉を利用した走りということになる。そして、この〈抜け〉を作り出すのが、〈居つきのない状態〉あるいは〈浮き〉の要素である。

〈居つき〉とは武術でよく使われる用語で、「身心の調和が乱れて動きが停滞し、相手の動作に対応できなくなる状態」を指す。換言すれば、「その場に居る、踏ん張る」という意味になるだろう。したがって、〈居つきのない状態〉とは、「身心の調和がとれ、相手の動作に対応できる状態」ということになり、「その場にいない。踏ん張らない」という意味にも繋がる。

一方、〈浮き〉とは、文字通り「身体が浮き上がる」という意味である。

コマが高速で回転する状態を作る

岡山市内の中学校で理科を教える小森君美。彼の別の肩書きは、日本陸連公認コーチであり、身体運用研究家である。

中学時代の山崎智恵子（現・「天満屋」陸上部）など多くの一流アスリートを指導育成してきたが、１９９８年ごろから「ナンバ的身体操作」の研究に没頭。現在では中国武術からのアプローチも踏まえたナンバ論を展開している。

小森が口にする。

「たとえば、駐車中の車というのは、横からの強風を受けても、そう簡単に移動しません。

しかし、高速道路を猛スピードで飛ばす車が強い横風を受けると、すぐにハンドルをとられて、車体がぶれてしまう。高速運動の中に質量が溶け込んでしまうからですね。つまり、車体が軽くなってるわけです。

また、ロケットを打ち上げたとします。で、1段目を切り離し、2段目を噴射させると、2段目は1段目よりもっとスピードを上げて運動する。さらに、そこから3段目を噴射させると、さらに加速がつきます。同じようなことをよく甲野（善紀）先生が言われるんですが、タンカーの上でトレーラーを走らせ、さらにその上でバイクを走らせると、格段とスピードが増す。スピードがどんどん足されていくからですが、これらが〈浮き〉という現象なんです。その〈浮き〉に〈居つきのない状態〉という要素が入ってくると、物体というのはものすごい高速で移動します」

では、〈居つきのない状態〉〈浮き〉を人間が走りの中で実践したとき、身体内部ではどういう変化が起きているのか。

だが、その前に、もう一度、小田伸午の「二軸（常歩）理論」を思い出してもらいたい。

簡単におさらいすると、身体の左右の軸を交互に入れ替える運動の形態ということになるが、「走り」が高速になったときは、身体の中心に調整軸のようなものができる。小田の言葉を借りると、その調整軸が「左右の軸を引き摺り込むような感覚を生み出し」、それがまた、走力における重要なポイントになるという。

小森はこの左右の軸を、体重を支える軸、すなわち「身体軸」と命名し、身体の中心にできる調整軸を「運動軸」と呼んでいる。

「つまり、走りが高速になればなるほど、身体軸がしだいに中央に寄ってきて、運動軸と重なってしまうわけです。これは途方もないエネルギーを生み出すんですよ。

コマを思い出すと、分かりやすいかもしれない。コマは足が1本で、1本の身体軸しか持っていない。これが回転すると、身体軸と運動軸が同化してしまう。床についているのに、ついてないようにスーッと滑るように動きますよね。で、他の物に当たったとき、それを瞬時に弾き飛ばしてしまう。

そういうコマの状態が、〈浮き〉であり、〈居つきのない状態〉ということなんです。踏ん張っているわけではないのに、すごいエネルギーを発するんですね。人間は2本足だから軸は2つありますが、その軸を運動軸といかに一緒にさせるかが、走りの高速化をもたらす鍵ということになります」

左右の軸を引き摺り込む調整軸。一方、左右の身体軸が中央に寄ることによってできる運動軸。小田、小森とも言葉は違うが、内容的にはほぼ同じことを口にしている。

上半身を空間に預け、下半身だけを動かす

ここではとりあえず小森の言葉を借りて話を展開するが、では、「身体軸」と「運動軸」の同化をもたらし、高速を維持する〈抜け〉を実現するためには、感覚として何が必要になってくるのか。

小森が教え子を使って、ある実験を見せてくれた。高さ1メートルほどの壇上から、直立したまま飛び降りるパターンとしゃがんだ格好から飛び降りるパターンとの比較である。

115ページの写真のように直立姿勢で飛び降りた場合は、着地の際にしゃがみ込む体勢をとっているが、それに応じて頭部の位置も低くなっている。一方、しゃがんだ姿勢から飛び降りた場合は、頭部の高さの位置を維持したまま、足を伸ばすようにして下半身だけを落下させている。これが、何を意味するのか。

小森が続ける。

「壇上から飛び降りるとき、膝を伸ばしたまま棒のように降りる人間って、まずいないはずです。衝撃を吸収するためにしゃがむはずですが、それでも全身に受けるショックは避ける

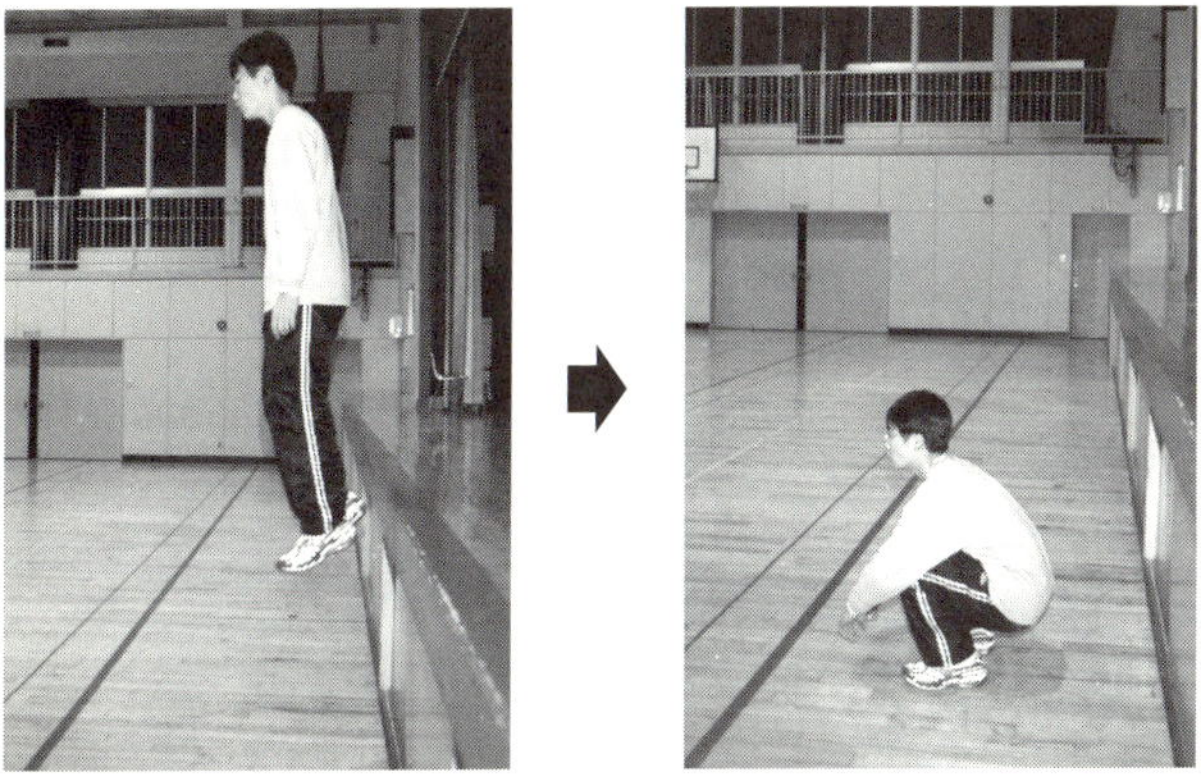

壇上から直立姿勢で飛び降りる。衝撃を吸収するために膝を曲げても、
ショックは避けられない

しゃがんだ姿勢で頭部の位置を維持したまま飛び降りる。上半身の重
量を空間が受け持つので、衝撃はほとんどない

ことができない。でも、しゃがんだ格好から足だけを伸ばすようにして落下すると、頭の位置は変わらず、上半身の衝撃もほとんどない。これは、上半身の重量を空間が受け持っているからです。これが〈浮き〉という感覚です。

つまり、下半身と上半身を分離させて、上半身を空間に預け、下半身だけを動かすという方法ですね。足が受け持つ重量は下半身部分だけという理屈になりますので、それだけ負担が軽くなるわけです。

ボクシング元世界ヘビー級王者のモハメド・アリ。彼のあの軽やかで素早いフットワークは、まさにその〈浮き〉を利用したものだったと思います。走りの中の、特に短距離走にこの〈浮き〉感覚を持ち込むと、慣性の法則というのが関与してきます。つまり、いったん動き出したものは、何らかの力が加わらない限り止まらないというものですね。

この法則のもと、上半身を切り離して走ると、どうなるか。上半身の重量は空間が受け持っている状態ですから、足は主に腰から下の重量だけを負担すればいいということになります。ようするに、その分だけ足の質量が小さくなって、足の回転も上がるということです。しかも、切り離した上半身は慣性の法則で、直線的に動き続ける。後は〝居つかなければいいわけです」

〈浮き〉を使っていたと考えられるモハメド・アリの蝶のように舞うフットワーク

カール・ルイスの滞空時間の長いジャンプにも〈浮き〉の要素がある

117ページ下の写真は、カール・ルイスの走り幅跳びにおける踏み切り後の体勢である。宙を漂うような〈浮き〉が、胸のあたりにかかっているのがよく分かる。

腰を〈割る〉

この〈浮き〉感覚をより鋭利にするためには、上半身と下半身との分離感覚。すなわち、腰を〈割る〉という感覚が必要になってくる。

小森が腰を「割った」のは、1998年の冬。バランスボール（トレーニング用のボール）をそのための道具として利用したが（241ページの写真⑯参照）、ある日突然、自分の感覚の中から腰の存在が消えたという。それが、腰が「割れた」最初の感覚で、長年患っていた腰痛からも解放された。

小森によると、骨盤の仙腸関節（仙骨と腸骨の間の関節）の筋肉の癒着がとれ、上半身と下半身がまるで別個の存在のような感じになる。それがまた、足の回転数を増やすだけでなく、ストライドを自然と伸ばしてくれるという。

これが、〈浮き〉と〈居つきのない状態〉によって導かれる「走り」のひとつの形態であり、〈抜け〉を実現するためのひとつの方法である。

「たしかに、オリンピッククラスの選手になると、接地した足が浮いて滑っているように見える。まさに水面の上をスーッと流れていくような感じですね。しかし、走るのが遅い選手ほど、足で地面をとらえようとします。そういう意味で、強く踏み込むというのは、全体重を足に預けていることになる。〈浮き〉や〈居つきのない状態〉を殺す走りということになり、ここにも従来のコーチングの〝常識の嘘〟がさらけ出されてきます。ただし、〝常識の嘘〟はそれだけではない。呼吸法と言われるものもそうです」

意図的な呼吸は逆効果

私がまだ学生時代の話だが、体育教師から長距離走での呼吸法について、こう教えられた記憶がある。

「2回吐いて、1回吸う」

この呼吸をリズミカルに繰り返すと、長距離を楽に走れるというコーチングである。では、最近の学生はどんな指導を受けているのか。ある中学生とこんな会話を交わした。

「体育で長距離を走るとき、先生からどんな呼吸法を教わっているの？」

「2回吐いて、2回吸うというやり方です」

「へぇ。そんな決まりがあるんだ」

「教科書にもそう書いてあったような気がしますが……」

「でも、呼吸を意識すると、かえって体力を消耗するという話もあるよ」

「そう言えば……」と、彼は言葉を切った。

「この前、授業で長距離をやったんですが、しばらくはスタミナ切れもなく、いいペースで走れたんですよ。呼吸のことなんて、まったく頭になかった。ところが、そのうちに自分がちゃんとした呼吸をしていないことに気がついたんです。で、2度吐いて、2度吸うという繰り返しを意識してやったら、なぜかすぐにバテちゃった（笑）」

呼吸——日々の生活において、それを意図的に行っている人間は皆無に近い。分娩時などの特殊な機会を除いて、通常、われわれは酸素を体内に取り入れ、二酸化炭素を吐き出すという無意識下のエネルギー循環によって、この世を生き長らえている。

仮に呼吸を意識しながら1日を暮らしたら、どうなるか。おそらく、外的な感覚が麻痺し、仕事どころか、簡単な雑事さえ満足にこなせなくなるだろう。また、周囲とのコミュニケーションも困難になり、孤立無援の状態に陥ることになるかもしれない。

たしかに、集中力の発揮や平常心を取り戻すための前段階としての呼吸法は、効果的である。これはぜひ、勧めたい。だが、運動中の意図的な呼吸は、かえって逆効果になるという声もある。

小森のコメント――。

「呼吸には外呼吸と内呼吸の2種類ある。外呼吸というのは肺で二酸化炭素を出して、酸素を吸収するというもので、われわれは通常これを呼吸だと思っています。

一方、内呼吸とは身体の中で赤血球が運んできた酸素が炭水化物を燃焼させ、それによってエネルギーを得るということを指します。

で、走るときはどうしても、〝ハッ、ハッ、ハッ〟という呼吸になりがちですね。なぜ、こんな呼吸になるかと言うと、腕を前後に振るからです。つまり、身体を捻じり戻す左右交差型の走りになり、その結果、身体に瞬間的なブレーキがかかってしまう。このときに呼吸を合わせやすくなり、外呼吸が影響を受けるわけですね。逆に言うと、〝ハッ、ハッ、ハッ〟というのは呼吸を止めていることになり、だから動きも止まるということになります。

電車に乗り遅れそうになって、駅の階段をダッシュで下りることがありますよね。そのとき、〝ハッ、ハッ〟と下りる人は、ほとんどいないはずです。重力に引っ張られた動きだから、身体も息も止めるわけにはいかない。どちらかというと、内呼吸が働いていることになります。それで、電車に乗ってから初めて、〝ハア、ハア〟と息をする。身体を止めるから、息もそれに合わせて〝ハア、ハア〟と止まっているんですよ。

だから、理想的な走りとは、階段を走って下りるように重力を利用したものです。身体の中で腕を振るようにバランスをとるナンバ的な走りというのは、呼吸が合わせにくいし、身体が止まる瞬間もない。つまり、息も吸っているか、吐いているか分からないという状態がベストということになります。無意識な呼吸のほうが、効果的なパフォーマンスを生み出すんですよ」

そう考えると、体育教育の「2回吐いて、1回吸う」または「2回吐いて、2回吸う」という呼吸法は、何の意味も持たないどころか、スタミナを消耗させるためのコーチングということになるだろう。

試しに身体を捻じったまま、自分の呼吸を観察してほしい。吸気が不十分になるだけでなく、息が一瞬止まることが分かるはずだ。この状態での呼吸はどうしても意図的にならざるを得ない。スムーズな呼吸の循環が断ち切られることによって、体内への酸素供給が滞り、息苦しくなってしまうからである。ちょうど分娩中の妊婦が苦しさの裏返しとして、意図的に呼吸をするようなものだろう。

体幹を捻じり戻す左右交差型の走りは、ある意味これと似たような呼吸状態を体内に作り出す。スムーズな酸素供給を自ら阻害する走りと言っても過言ではなく、それがゆえに体育教育が勧めるような意図的な呼吸が必要になってくるのかもしれない。

無酸素運動でも呼吸している？

実際、五輪陸上4冠のカール・ルイスは、コーチのトム・テレツからこんなアドバイスを受けている。

「呼吸は意識しなくていい。少なくとも、肺で呼吸することだけは、やっちゃいけないよ」

ルイスが最も得意としたのは、100メートル走だった。しかし、ここで少々やっかいな疑問が持ち上がってくる。

陸上界には中長距離の有酸素運動に対して、短距離走の無酸素運動という認識が存在するが、「呼吸は意識しなくていい」という教えが、はたして無酸素的な運動へと直結するのかという疑問である。

だが、ここでも体育教育の虚妄が見え隠れする。小森の観察によると、100メートルを疾走し終えるまで、ルイスは「3回ぐらいの呼吸をしていた」という。他のトップスプリンターも3〜4回が平均だが、ただし、これらがすべて無意識的な呼吸であることは言うまでもない。

では、仮に文字通りの無酸素状態で走った場合、スプリンターはどうなってしまうのか。

小森は「70メートルあたりから、ふくらはぎやアキレス腱などの痙攣《けいれん》に襲われる可能性がある」とした上で、「たとえ100メートルを走り切ったとしても、嘔吐《おうと》感に襲われるか、実際に嘔吐してしまうのではないか」と口にしている。つまり、酸素欠乏状態による肉体の異変は避けられないという見解だが、はたしてどうなのか。

これればかりは読者に実際に体験してもらうしかないだろう。

世界と対等に闘っていたかつての日本人

それにしても、なぜ、日本人は走るのが遅いのか。世界レベルでのわが国の陸上界は、マラソンを除いて長年不遇時代を過ごしてきた。伊東浩司や末續慎吾、為末大（2001年陸上世界選手権400メートルハードル銅メダリスト）などの出現で希望の光は見えてきたものの、なかでも短距離走が日本陸上史に惨憺《さんたん》たる結果を刻み込んできたのは否定できない。

その代表的種目でもある100メートル走。長い陸上史において、この距離を9秒台で走ったアスリートは黒人しか存在しない（2004年11月現在）。その理由のひとつは彼らの体形にあると言われている。腰を入れたように立ち上がり、しかも、前傾している骨盤の形状である。

これによって、彼らは骨盤のスムーズな前方への移動を可能にしている。一方、日本人の骨盤は後傾気味で、前方へのスムーズな移動を困難にするという弱点を持つ。陸上短距離走において、日本人スプリンターが黒人スプリンターに太刀打ちできないと考えられている理由の一端が、ここにある。

しかし、実際にそうなのか。

「暁の超特急」と呼ばれた吉岡隆徳（故人）。1932年のロサンゼルス五輪100メートルのファイナリスト（6位）でもある彼は、1935年に世界タイ記録（10秒3）を樹立した世界のトップスプリンターだった。

また、短距離走ではないが、近年の日本人アスリートが、世界でまったく通用しない陸上種目がある。三段跳びや走り幅跳びなどの跳躍種目が、それである。

だが、これらの種目に関しても、かつての日本人アスリートは世界を席巻《せっけん》していた。有名なのが、三段跳びの織田幹雄と南部忠平である。

織田は1928年のアムステルダム五輪で、日本人初の五輪金メダリストに輝いた。その4年後のロサンゼルス五輪では、織田の早大の後輩でもある南部が、世界記録を樹立して金メダルを獲得した。

特に南部は1931年に走り幅跳びの世界記録も樹立しており、跳躍と言えば、文字通り日本のお家芸だった。それが、なぜ、衰退してしまったのか——。

桐朋学園大学教授・矢野龍彦（前出）が、その背景を説明する。

「織田、南部とも体格に恵まれているわけでなかった。それなのに、どうしてあれだけの跳躍ができるのか。その辺を諸外国の跳躍選手が研究して、ある特徴があることが分かった。織田、南部とも蹴った後に〝前に出した膝でリードする〟という要素を加えていることです。つまり、膝を突っ張るようにして蹴っているが、そこから生まれるエネルギーを補助するように、もう一方の足で前方に牽引《けんいん》する動きを見せていたわけですね。しかも、身体を捻じったり、うねらせたりしていない。

これらの秘密に気がついた他国の選手が、次々とフォームを改造していった一方で、日本のスポーツ界が織田と南部の活躍に見いだしたのは、ほとんどこじ付けのようなものだったという話があります。ようするに、日本は畳文化で、トイレも和式。農業も盛んだし、座ったり、立ったりするだけでなく、〝膝を折り曲げる〟という生活習慣があり、それによって足腰が知らず知らず強くなったのだろう。織田と南部が世界のトップに君臨できたのも、より深く膝を折り曲げ、その反動を利用しているからに違いない、というものです。

その辺から日本のスポーツ界、特に陸上界は、〝前膝のリード〟というコーチングを軽視するようになった。その代わりに〝深く沈んで蹴る〟〝膝を折り曲げて踏ん張る〟といった指導概念が台頭していったというわけです」

自国の「いい手本」を外国に盗まれただけでなく、自国の「いい手本」を曲解した挙げ句、不振の泥沼へと突入していった日本の陸上界。これが事実ならまったくの笑い種《ぐさ》だが、たしかに日本のスポーツには今なお、この悪しき〝踏ん張り系〟〝捻じれ系〟のコーチングが幅を利かせているところがある。

陸上短距離で言えば、スターティングブロックを捻じれ系スタイルから強く蹴り、疾走では腿を高く上げて地面を蹴るというコーチング。野球で言えば、体幹の中心軸による捻じれを利用した〝ダウンスイング〟や逆シングル捕球からの〝踏ん張り送球〟などである。

今やタブー視される〝ウサギ跳び〟。足腰を鍛えるトレーニングとして、これが最近まで重宝されてきたのも、「深く沈む」「膝を折り曲げる」ことへの妄信がその背景にあったからなのだろう。

「深く沈む」と言えば、作家の井上ひさしが『新東海道五十三次』（文春文庫）で、ユニークな見解を述べている。

〈どうやら日本人には、「高いほう」を敬遠してなるべく「低いほう」へと身を処したがる癖があるようだ〉

すなわち、「高飛車」「お高くとまる」「高望み」など「高さ」への批判的な意味合いに対して、「腰が低い」「頭が低い」「低音の魅力」など、「低い」という要素がプラスの点数に繋がるとしていることである。また、〈日本人が畳の上にべったりと座るのも、わたしたちのこの万事につけて低いのが好きという習癖と関係がありそうだが……〉としており、日本人気質をどことなく皮肉っているようで面白い。

とどのつまり、日本人の「低さ」への崇拝ぶりが、スポーツのコーチングまでもあらぬ方向へと導いたのではないかという連想が、ここで可能になってくるだろう。

意図的な動きか、結果的な動きか

さらにユニークなのが、走法の教材として重宝された「マック式スプリントドリル」という存在である。

かつて、国際的なスプリンターを何人も育成したゲラルド・マックというポーランド人コーチがいた。「彼の手にかかれば、黒人並みのスプリンターになれる」と言われたほどの手腕の持ち主である。

東京五輪（1964年）の数年後、そのマックが選手育成に本腰を入れ始めた日本の要請で来日すると、速く走るための講習会を行った。その内容をまとめたものが、上記の「マック式スプリントドリル」で、このコーチングは全国津々浦々に瞬く間に広がった。

京都大学大学院助教授の小田伸午。中学・高校と三段跳びの選手として過ごした彼も、「マック式ドリル」の愛読者の一人だった。

小田が回想する。

「中学3年のときは、神奈川県の中学記録を作ったこともある。で、高校に入ってから、助走のスピードをつけようと思って、マック式ドリルを何度も繰り返して読んだわけです。ところが、いくら忠実に行っても、さっぱり助走が速くならない。マック式ドリルを読んでいない部員たちのほうが、むしろ速くなっていく。顧問の先生からも『お前の走りは、何だかギクシャクするなあ』と言われる始末ですよ。しかし、私としては、マック式ドリルを露ほども疑わなかった。日本の陸上界が取り入れた教材ということで、頭から信じていましたね」

小田によると、マック式ドリルの内容は、主に「浮いた足をどう動かすか」に向けられていたという。そのためのポイントは3つ。「①腿を上げて、②膝から下を振り出し、③それを振り戻す」という3要素だった。

しかし、ここに大きな落とし穴があった。言葉による誤解、つまり上記の3要素がすべて、ランナーの意図的な動きとして書かれていたことである。

「通訳が間違えたのか、受講した人が勝手に解釈したのか分かりませんが、マックさんは結果的な意味で言ったわけです。つまり、腿は〝上げる〟のではなく、結果として自然と〝上がってくるもの〟。膝から下を〝振り出す〟のではなく、結果として〝振り出されるもの〟。膝から下を〝振り戻す〟のではなく、結果として〝振り戻されるもの〟ということを言いたかったんです。意図的か結果的かで、意味は大きく違ってくるんですよ」

ここから、日本の体育教育は明治期に取り入れた左右交差型の走りに加え、「腿を高く上げる」「地面を強く蹴る」といった動作を、「速く走るための」の条件として重視するようになる。

数年後、自分の教えが誤解されて伝わっていることを知ったマックは、再び来日すると、誤訳訂正のための活動に熱を入れた。

だが、時すでに遅し。「マック式スプリントドリル」はすでに全国津々浦々のスポーツ現場に浸透し、後の祭りだったという。

挫折経験から生まれた新理論

マックの曲解された教えを、私たちは長年指導者から強要されてきた。現在でも体育教育の現場では、この誤訳された「マック式ドリル」を母体としたコーチングが幅を利かせている。

そのために、いかに多くの煌《きら》めく才能が、実力を発揮できずにその光を失っていったか。

小田もその一人だった。三段跳びの記録も上がらず、すっかり挫折感にまみれた彼は、東京大学教育学部に進むと、陸上を諦《あきら》め、ラガーマンへと転身した。そして、ここでも鬱屈《うっくつ》した日々を送る。

小田は筋力トレーニングに勤《いそ》しんだ。スクワット（バーを両肩の位置で水平に保持し、立った状態から膝を折って深くしゃがみ込み、再び最初の状態まで立ち上がる動作）で185

キロ、デッドリフト（中腰の姿勢で両手でバーベルを握り、腕を伸ばしたまま腰・膝が完全に伸びるまでバーベルを引き上げる動作）で200キロを上げるまでの筋力を作ったが、試合ではなぜか、力負けした。

その後、京大でトレーニング科学などの教鞭をとるようになってからも、しばらくはコーチングについての暗中模索が続いた。

「1983年から3年間はラグビー日本代表チームのトレーニングコーチを務めましたが、当時の私はと言えば、ウエイトトレーニングの信奉者でした。中心軸による捻じれ系や踏ん張り系でパワーを出すという考えにとらわれていたのです。

1986年からは7年間、京大ラグビー部の監督を務め、ここでも選手にウエイトトレーニングばかりさせた。ところが、筋力はあるはずなのに、スクラムでは押されるし、力でどうしても勝てない。挙げ句の果てに、京大ラグビー部を関西大学リーグの2部から3部にまで落としちゃって（笑）」

小田は悩んだ。悩み続けていると、既成のコーチングに対する疑問が頭をもたげ始めた。コーチングにおける内省と考察。変化を受け入れる姿勢。彼が最先端の運動科学である「二軸（常歩）理論」を展開するに至ったのも、過去の度重なる失敗があったからなのだろう。

同じようなことは、陸上の跳躍種目にも言えるかもしれない。すでに紹介したように、日本の三段跳びはこじ付けとも言える理屈によって、凋落《ちょうらく》の一途を辿った。

これに疑問を抱いた一人が、メキシコ五輪三段跳びの代表だった村木征人である。彼が目指していたのは、水面に投げた小石の「水切り」のような跳躍だった。「膝を沈め、踏ん張って」は、不可能な跳躍であることは明々白々だったが、ある日、機上の人となったとき、大きなヒントに遭遇した。

何か――。

「スチュワーデスの歩く姿を観察したわけです」と、矢野龍彦が説明する。

「よく見ると、彼女たちは足から歩くのではなく、腰から歩を進めていたんですね。つまり、右足を出すときには右腰でリードする。左足を出すときは、左腰でリードするという歩き方です。膝を深く沈めることもしないし、踏ん張ってもいない。機内という不安定な環境がそういう歩き方を生み出したのでしょうが、村木はこれこそが水切り跳躍のヒントになると閃いた。これを機に、膝や足に主役をさせるのではなく、骨盤による牽引動作を跳躍に取り入れたわけです。彼が到達できずにいた17メートルラインを超えることができたのは、それからまもなくのことです」

「低さ」への敬愛を常とする日本人気質。そこから派生したと思われる「膝を折り曲げ、踏ん張ること」をよしとする日本的コーチング。

だが、こと跳躍と走りに関しては、まったくの的外れだったということは、長年にわたる失敗の歴史が雄弁に物語っている。

意識的思考がスポーツパフォーマンスを低下させる

「より速く走るための」方法論として教えられてきた〝常識の嘘〟。ひいては今日まで受けてきた身体運用法に対する非効率的なコーチングは、ある意味、人間だからこそ被った〝災難〟と言えるかもしれない。

人間が2足歩行になってからの歴史は浅い。小田によると、地球に生物が誕生してから今日までを1日と見なした場合、人間が2足歩行を始めたのは、23時59分59秒あたりからだという。

その背景には気の遠くなるような長い「4足歩行時代」があり、したがって2足歩行の技術が、今日まさに過度期にあるのではないかという。そして、ここに割り込んできたのが、脳の発達による思考、意識という要素だった。

つまり、思考が人間の長い進化の歴史を軽視した結果、さまざまな誤解や錯覚を作り出したのではないかという問いかけが、ここでは可能になってくるかもしれない。

小田は『日経サイエンス』１９９９年２月号で、解剖学者の養老孟司と脳に関する対談を行っているが、そのときのやりとりを一部抜粋する。

小田　私の持論は、大脳皮質で考えるように運動ができるわけではないということなんです。猫は脳をとっても歩いてますし、江戸時代には辻斬りに首を切られた人が歩き続けたなんて話も聞いたことがある。

養老　脳がなくても運動はできるんですね。

（略）

小田　これまでの教え方では、走るときにはももを上げろとか、歩幅を広くとかいろいろなことをいってきたのですが、その通りにやろうとしても、大脳皮質からももを上げよという指令が出ていないんです。それなのに、命令を出してやろうとするからうまくいかなかった。ももを上げるときは、意識してはいけないんです。

（略）

養老　意識というのは現実を誤解する、もっと言えば、勝手に現実を作り出しているんですね。

小田　その裏返しにあたると思うんですが、運動選手が究極のピーク能力を発揮するときは意識がなくなっている場合があると、臨床心理では言われているそうです。

（略）

養老　私も女房からそれに似た話を聞いたことがあります。若いときからお茶をやってるんですが、お点前《てまえ》のある瞬間に、やはり自分がそういうことをやっているという意識がまったくなくなったことがあるそうです。きっと、非常に調和のとれた運動をしているときには、体から完全に脳が外れてしまうのでしょう。意識はいらないんです。

小田　いらないですね。むしろ邪魔です。

意識的な思考がスポーツパフォーマンスを低下させる。本著の主題テーマである「走り」に関しても、この意識的思考が逆効果を招くことは、もはや疑いようのない事実だろう。

恐怖心が生んだ〝中心軸信仰〟

では、人間が理に反した動きを自分に課すようになった背景とは何か。
「あくまでも仮説ですが」と前置きして、久留米工専助教授の木寺英史が説明する。
「馬のような4足動物は、身体に中心軸感覚がないと思うわけです。左右2本の軸で、つねに安定している状態なのでしょう。それに対して、人間は4足から2足になったとき、まず立つことを優先させなければならなかった。そのためには、重心を感じる必要があった。しかも、それが身体の真ん中になければ、安定して立っていられなかったのでしょう。いわば、恐怖心がその根底にあったのかもしれません。

そのためには、両足を結ぶ真ん中あたりに重心を置かなければならない。これは、動くための感覚ではなく、静止させるための感覚ですね。まず、自分の身を安全に保つという意識がどこかで働いているのだと思います。

それで、この状態から動こうとすると、重心、つまり中心軸を崩さないように、動作を開始しようとしてしまう。静止させるための感覚で動こうとするわけですから、どうしても踏ん張ったり蹴ったりしてしまう。これが、長い間われわれがスポーツ現場で教えられてきたものですが、その蹴るという習慣にしても、明治後期からの靴を履くという習慣が大きく関与してるのだと思います。

靴は踵の部分が高くなっている。女性のハイヒールになると、ほとんど爪先立ちのような格好です。つまり、拇指球に体重を乗せるという習慣が、靴の存在からも助長されたのかもしれません」

「恐怖心に基づく安定性の確保」と「習慣への肉体的適合」。これが、人間の中心軸感覚を促し、〝拇指球信仰〟への扉を開いたとも言えなくない。

不安定な状況を物理エネルギーへと転化する

木寺や小田が提唱する二軸による運動理論は、この2つの人為的要素を排除し、4足動物の自然の動きに着目した結果、産声を上げたものである。言葉を換えれば、2足歩行の人間をその根源的形態である4足歩行動物として捉えることによって、眠っている本来の運動機能を喚起させようとする試みでもある。

この二軸感覚が、本能的で、いかに自然な動きであるか。歩き始めたばかりの赤子の歩行を見ると、分かりやすいかもしれない。

彼らの歩きは骨盤の幅を利用した、いわゆる「二直線歩行」で、片方の足に体重を乗せてから次に斜め前に倒れていくようにもう片方の足を出すのが特徴である。

その重力を利用した歩の進め方は、先に説明したモーリス・グリーンのスタートダッシュによく似ている。また、古武術研究家・甲野善紀の術理でもある「あえて不安定な状況を作り出し、それを物理エネルギーへと転化する」という身体運用法にも通じるだろう。この赤子の二軸感覚の歩きが、なぜか成長と共に足をクロスに入れる中心軸感覚の歩き（一直線歩行）へと変わっていく。

先に登場した小森君美は「赤ちゃんはいわば、倒れるか倒れないかの境界線上で歩いているようなもの。転んで痛さを経験していくうちに、倒れないように中心軸感覚になっていくのではないか」と口にしているが、赤子の歩きからは、思考に頼らない自然な身体機能の妙を垣間見ることができるだろう。

身体は左方向に回旋しやすい

赤子から学ぶ身体機能の秘密は、まだ他にある。彼らの歩行におけるその方向性である。

機会があれば、赤子が何の目的もなく、ただ漠然とヨチヨチ歩いている姿を観察してみるといい。進路がしだいに左方向へと逸《そ》れていくのが分かるはずだ。何かに向かうためのルートもなく、歩くことを目的とした歩きの中で、よく見られる光景である。

もっとも、この傾向は赤子だけの〝特権〟ではない。

個人的なことになるが、私は時代遅れのワープロを、未だに原稿執筆の道具としている。いつも不思議に思っていたのは、正面を向いているはずの私の身体が時間の経過と共に徐々に左方向を向き、ついでにワープロまでも私に正対するように左に傾いてしまうことである。とどのつまり、気がつくと私はいつも、左斜めにワープロ画面を見ながらキーボードを叩く自分自身を発見する。

人間の身体的特徴に「左体重」というものがある。「足の裏博士」と呼ばれた元・東京工業大学名誉教授の平沢弥一郎が解明したもので、人間の重心はやや左寄りにあるという。

ユニークなのは、排尿時。男女とも放尿に伴って少しずつ右足の踵が上がっていき、「出し切る」ころには右の足裏の約3分の1が地面から離れていたという研究データである。

私は身体内にアンバランスに点在する内臓の重みが、この特徴を作り出しているものと思い込んでいた。赤子が無意識に左方向へと歩くのも、私が左前方を向いてワープロのキーボードを叩くのも、そのためだという勝手な解釈である。

だが、人間の「左体重」を裏づける、これとない説得材料がある。

前出の小山田良治が説明する。

「人間の筋肉というのは、男性の着物のように右が内側、左が外側の順に重なっているんです。つまり、右側の筋肉の上に左の筋肉が重なり、それが重層的に続いているわけですね。そのため、人間というのは、股関節や胸椎（関節によって肋骨と接続する脊椎の一部）などを含めて体全体が左に回旋しやすいという特徴を持っています。正座した状態で、右と左にそれぞれ身体を捻じってみると、それが理解できるはずです。

そういう意味で、野球で言えば、右バッターが内角球の高めを引っ張るとき、よく膝が割れて、3塁側へのファウルにしてしまいますよね。あれは、身体が左に回旋しすぎて、軸を支えきれなくなるからです。しかし、左バッターはイチローがそうであるように内角高めを引っ張っても、1塁側のファウルになりにくい。フィールド内に打ち返せるという傾向があります。理由は右に回旋しにくい身体の右サイドでしっかりと軸を作ることができるからです。ようするに、膝が割れにくいんですよ」

左に回旋しやすい人体の特徴。赤子が左寄りに進路をとり、私が左構えでキーボードを叩くのも、むしろ当然の所作ということになるだろう。

そう考えると、スポーツの基本的なルールは、実に理に適《かな》っていると言わざるを得ない。

たとえば、陸上のトラック競技は、すべて左回りである。野球のベースランニングも左回りだが、その際は当然、左足に体重を乗せなければならない。すなわち、以上の人体の秘密を考えたとき、左回りは人間にとってごく自然な動作ということになるだろう。

では、人間は脳の分析（思考）によって、このような基本的ルールを生み出したのか。

答えは否である。「そのほうが、なぜか走りやすい」という直感的な動機が、その根底にあったにすぎない。

思考の暴走で、誤解や錯覚を招いてきた日本の体育教育。しかし、その一方では、思考を超えた身体への従順な叡智が、今日まで脈々と受け継がれているのも事実である。

第4章　ナンバの極意と忍術

自然体とナンバ

かの中国の思想家・老子の教えに、こう説いているものがある。

企《つまだ》つ者は立たず、跨《また》ぐ者は行かず。自《みずか》ら見《あら》わす者は明らかならず、自ら是《よし》とする者は彰《あら》われず。自ら伐《ほこ》る者は功なく、自ら矜《ほこ》る者は長《ひさ》しからず。其の道に在《お》けるや、余《よ》食贅《しょくぜい》行《こう》と曰《い》う。物或《ある》いはこれを悪《にく》む。故に有道者《ゆうどうしゃ》は処《お》らず。

講談社学術文庫『老子』［金谷治・訳注］の訳に従えば、以下のような意味になる。

つまさきで背のびをして立つものは、長くは立てない、大股《おおまた》で足をひろげて歩くものは、遠くまでは行けない。自分で自分の才能を見せびらかそうとするものは、かえってその才能が認められず、自分で自分の行動を正しいとするものは、かえってその正しさがあらわれない。自分のしたことを鼻にかけて自慢するものは、何ごとも成功せず、自分の才能を誇って尊大《そんだい》にかまえるものは、長つづきはしない。それらのことは、根源的な無為《むい》自然の「道」の立場からすると、余分な食べもの、よけいなふるまいというものである。余分な食べもの、よけいなふるまいでは、だれもがそれを嫌うであろう。そこで、「道」をおさめて身につけた人は、そんなことは決してしないのだ。

この老子の教えは、現代社会への警鐘でもある。価値観の押しつけが生んだ教育の崩壊や少年犯罪、優劣意識が作り出した弱者を生む競争社会、適者生存主義から派生した権力闘争や国家間の紛争……。

私も含めてだが、たしかに人間には、自分の立場や主義を正当化するあまり、他者の「違い」を認めようとしない性質がある。困ったことにその性質こそが、不調和や争い事の根本原因になることに気づくことも少ない。老子の言葉は、こうした社会的緊張の中で心の余裕を奪われ、時間や価値観の制約に縛られる現代人の悲しい現実を映し出しているような気がする。

同じようなことは、「走る」ことに関しても言えるだろう。迅速な目的地到達への唯一の必須条件として、努力感や抵抗感を前面に押し出さなければならないとする考え。その結果、記録の伴わない徒労感だけが残るという解釈である。

前出の小森君美が説明を加える。

「何事もそうですが、爪先立ちで無理して高い位置を作ることもないし、自分に不釣り合いなほど大股で足を運ぶ必要はないということです。

爪先立ちだと、不安定な状態を無理して維持するということですね。立つことだけに力を使っているから、他の動きができないんです。それに、跨ぐように大股で足を進めるというのは、足を無理に開くためにいろいろな力を使っている。余分な力を使うことによって、本来の力が発揮できないということになります。

逆に言えば、もっと楽に動けば、パフォーマンスが上がる。自然体こそが、好結果を生み出すということです」

自然体――。

ここで、「ナンバ」が登場してくる。

「ナンバ走り」とは

たとえば、江戸時代の飛脚。彼らは1日数十キロ、長いときには200キロも走ったとされている。駕籠《かご》かきにしても現代のタクシー並みの距離を軽々と走破したが、彼らの走法が「ナンバ走り」と呼ばれるものだった。また、当時の庶民の歩き方を「ナンバ歩き」と呼ぶ。

すでに述べたように、「ナンバ走り」は2003年陸上世界選手権200メートルの銅メダリスト・末續慎吾が「ナンバ的な腕振り」と口にしたことで、広く知られるようになった。

一方で、困ったことが持ち上がる。「ナンバ走り」とは何か——を問われたときの、その定義と実用性とのギャップである。

「ナンバ走り」を従来の「ナンバ」の意味で解釈すると、次のような説明が成り立つだろう。

「右足を出すときに一緒に右手を出し、左足を出すときに一緒に左手を出す走り方」

さらに細かく言えば、重心をやや落とし、足を摺り気味に運ぶ「走り」ということになる。

今日の上下肢の左右交差型の走歩行とは、まったく逆の形態だが、着物や草履を生活習慣に取り入れていた当時、現代風の腕の振り方や足の運び方では、たしかに着崩れや歩きにくさといった問題が生じていただろう。だからといって、江戸庶民が同じ側の上下肢を一緒に出して歩く技術を持ち合わせていたという理屈にもならない。

私は本書を執筆するにあたって、同じ側の上下肢を同時に出す「ナンバ歩き」をたびたび試みている。しかし、額面通りに行うと、身体が慣性力に抗し切れず、左右にぶれてしまって歩きにくいことこの上ない。「ナンバ走り」に至っては、走ることさえ困難で、練習どころではなかったが、不思議なことがあった。

意識的な左右交差型の歩きまでが、うまくいかなくなったのである、特に出だしの数歩で、いきなり「ナンバ歩き」になったり、ときには手足がバラバラに動いてしまう。

そこで、私の手ぶら状態での無意識下の歩きを、友人にそれとなく観察してもらうことにした。友人の観察結果は「腕を振るというよりも、腕が揺れているような状態」というものだった。

実際、私も往来の人たちの歩き方を観察したところ、大半の人が左右交差型の歩きを見せていたものの、一部には私と同じように腕の振りが目立たない人もいた。さすがに、「ナンバ歩き」を額面通り実践している人はいなかったが、このことは、腕の振り方に決まった方法などないということを、物語っているのかもしれない。

古武術研究家の甲野善紀は、はからずも口にしている。

「そもそも江戸時代までの庶民には手を振るという習慣も、走るという習慣もなかった。したがって〝ナンバ歩き（走り）〟という言葉さえもなかったはずです」

腕を振らないと言えば、御殿女中などは「突き袖」（手を袂《たもと》の中に入れて、袂の先を前に突き出す）で歩くのが特徴だった。また、職人や遊び人などが往来を闊歩《かっぽ》するときも、懐《ふところ》手《で》をして腕を振らなかったという。

では、「ナンバ走り」とは、そもそも何なのか。「ナンバ」の由来からそれを検証する前に、ここでは「ナンバ走り」の本来の意味について、もう少し考察を加えたいと思う。

筋力だけに依存しない

２００３年6月、陸上の日本選手権２００メートルを日本新記録（20秒03）で制したとき、末續慎吾は「ラスト50メートルでナンバを意識した。タイミングが合わせやすく、最後まで走り切れました」とした上で、こう口にしている。

「腕振りを前後に振るという感覚ではなく、後ろから前に振るという感覚に変えていきました。相撲のテッポウのように腰と一緒に腕を前に送る動きで、ナンバ走りのような力の出し方なので、ナンバ的な腕振りと言ったんです」

腕を前後に振るのではなく、後ろから前に振る。これは、「足の動きに合わせて、腕を後ろから前に送り出す」という表現に置き換えてもいいかもしれない。

前記したように、アテネ五輪陸上男子200メートルの覇者、ショーン・クロフォードの腕の振り方にも、この特徴が出ている。

木寺英史の説明——。

「身体の中心軸で走ると、どうしても腕を引くという動作が出てくる。それに対してナンバ的な走りは、接地したほうの側の腕を前に押し出すという腕の振りに特徴があります。つまり、右腰が出た一瞬後に同側の腕が前に出るという走りですが、これによって軸が身体のサイドにでき、滑らかな走りが可能になる。剣道の打突もこれと同じです。腕を引いて打つのではなく、踏んだ足のほうの腕を押し出すという動作が重要になってきます」

一方、末續がラスト50メートルで「ナンバを意識した」結果、「最後まで走り切れた」とした意味はどこにあるのか。

桐朋高校バスケットボール部コーチの矢野龍彦。古武術的な身体操作をコーチングのヒントにしている彼は、末續の後半の走りを「惰性的走法」とした上で、次のような説明を加えている。

「崩れかけた体勢を修正せず、腰に腕が引っ張られるようにゴールに駆け込むというスタイルです。崩れかけた体勢を無理に立て直そうとすると、どうしても余分な筋力に頼らざるを得なくなり、勢いを削ぐ原因ともなる。そういう意味で、末續の後半の走りは〝勢いに身を任せたもの〟とも言えます。

もっとも、末續の走りで、究極のナンバと言えるものは、フィニッシュの瞬間です。普通の選手は少しでもタイムを縮めようと、喘ぐように胸を突き出しますが、彼の場合、倒れ込むように右手右足が同時にテープを切るといったフィニッシュだった。まさに、ナンバの原形です。おそらく、後半からの体勢崩しを最後まで維持したことで、このようなスタイルが生まれたのでしょう」

この走りの形態は、前述した〈抜け〉の要素を十二分に含んでいるだろう。つまり、余分な力を抜くことによって慣性力をフルに活かした走法である。

たとえば、スピードスケート。フィニッシュにおける一流スケーターの動作の特徴は、ワンストライドでゴールを滑り抜けることにある。同じ側の上下肢を一緒に出すというそのフィニッシュスタイルも、明らかにナンバの原形を刻んでいる。「五体治療院」代表の小山田良治（前出）によると、「スケートの刃が氷を噛《か》んでいるときにワン動作を起こすと、時間的なロスに繋がる」という。

この「スケートの刃が氷を噛んでいるときのワン動作」と、競走の「崩れかけた体勢を無理に立て直す」ことには、ある意味での共通点がある。

筋力への依存が、それである。

「スピードを上げるための筋力は、たしかに必要です。ただし、スピードを上げたはいいけど、自分の筋力で逆にスピードを落としてしまうこともある。スピードを維持できない選手のほとんどの原因はそこにありますね。筋力でガツガツと力を入れすぎて、失速してしまうわけです。競輪の選手でも踏み込みすぎて駄目になるというパターンがある。スピードを維持するためには、どこから力を抜くかということが大切なんですよ」（小山田）

ここで再び「ナンバ走り」に話を戻すと、古い絵画には、とても筋力があるとは思えない飛脚の姿がたびたび描かれている。その絵画の中の彼らの特徴のひとつは、緩み切った太鼓腹である。さらに、胸の肉も貧弱で、肩の筋肉の盛り上がりもまるでない。

おそらく絵師によって誇張された部分もあるのだろうが、彼らが筋力依存型の人間でなかったことは、少なくとも事実だったのだろう。

地球に引っ張ってもらう走り

飛脚の筋力依存の希薄さを物語るものとして、古い絵画にはもうひとつの特徴が映し出されている。両手を突き出しながら、前方につんのめるように走っている絵である。

葛飾北斎の『絵手本』の中にも両手を突き出しながら走る飛脚が描かれているが、154ページの連続写真はその飛脚の走りを再現したものである。

前出の小森は「職業としての飛脚の知恵を垣間見ることができる」と前置きして、こう口にしている。

「地球には重力という普遍的なものがある。だから、ある意味、彼らは自分で走るわけではなく、地球に引っ張ってもらってるわけです。つまり、前に倒れるか、倒れないかの境界線を維持しながら足を運んでいる。その際、前向きの力を補助するのが腕の前方への送りです。

下に落ちていく力を足の運びによって前方へずらし、さらにベクトルの方向に腕を送り出すことによって、前への推進力を助けてやってるわけですね。それが連続してスピードが上がると、両手を突き出すような格好になる。絵で見る飛脚の走行スタイルの原形が、ここにあると思いますよ。

こういった格好は飛脚が自分の経験の中から会得していったものでしょう。ようするに、江戸時代までの人たちは、自分たちの目的を達するための最も合理的な動きを自然に身につけた。だから、走ったり歩いたりすることだけがナンバではなく、生活様式や職業条件などから生まれた当たり前の動作というのが、ナンバという意味だと思うんです。大工のナンバ、左官のナンバ、お百姓さんのナンバ、侍のナンバ……、それぞれがそれぞれの条件と目的に合わせた動きをしていた。

ただし、筋肉に関して言えば、飛脚に限らず、当時の人たちは、ふくらはぎが異常に発達していました。太腿と比べると、その発達具合は現代人の比ではない。これは、草鞋《わらじ》を履いていたからです。明治期の庶民の写真を見ると、草鞋の先から指先が出ているのが分かります。つまり、指先で地面を噛むようにするため、ふくらはぎが発達するわけです。そうなると、足の裏全体で地面をとらえる感覚が生まれ、足を安定させるのにものすごく有効になってくる。足裏の感覚が鋭くなるんですよ。

葛飾北斎の『絵手本』に描かれた飛脚

たとえば、象は沼地などのめり込むようなところ

①

②

③

④

⑤

葛飾北斎『絵手本』の
飛脚走りを再現

は絶対に歩かない。彼らは足の裏の感覚で、安全なところを選んで歩いているわけです。それに対して、現代人の足の裏の感覚は麻痺している。靴を履いてるし、陸上にしても野球にしても、スパイクを履きます。地面をとらえる感覚を靴に任せているから、足裏の機能がどんどん低下してるんです。

昔の人の足裏が安定していたのも、当時の生活様式や職業条件から生まれたのだと思いますね」

イチローに見る「片踏み」走法

前記したナンバ的動作を額面通り行っているのは農民である。「右足、右手を同時に出す」という動きだが、彼らがそうせざるを得ない理由はしごく単純である。

左右交差型の捻じり動作では、疲れて仕事にならないからである。そういう意味で、昔も今も農作業における半身作業の形態は変わることがない。

つまり、「職業条件や生活環境から生まれた身体運用」だが、それをナンバとして定義するならば、機械文明が入り込んでくる前の日本には、「ナンバ的人間」しか存在しなかったことになる。

走る職業に関して言えば、当時は飛脚以外に、駕籠かきの存在もあった。2人1組で仕事をこなす彼らは、人間を乗せてタクシー並みの距離を走らなければならない。そのために必要になったのが、右腰が前なら右肩も前に出しながら走るという半身姿勢の持続である。

このときの足の運びは、後ろ足（左足）を前足（右足）の後方で踏む、いわゆる「片踏み」によって行われていた。後ろ足の使い方は踵で地面を押すような感覚で、それが前方への強い推進力を作り出すと言われている。

つまり、両足を交互に前に出すのではなく、つねに一方の足を前方、もう一歩の足を後方に置くことで、半身姿勢を維持していくという走りの形態である。

これが、なぜ効率的なのか。

ひとつには駕籠の揺れを最小限に留めることができ、したがって中の客人が揺れに悩まされることも少ない。さらに、それによって、駕籠かき職人の肉体的負担が軽減されることに尽きるだろう。

この「片踏み」走法もまた、職業環境が生んだナンバだが、スポーツの中にもその叡智の痕跡《こんせき》は残っている。

前出の木寺が体得した剣道の打突。後ろ足の踵を踏みながら打突に入るスタイルは、まさに駕籠かきの「片踏み」を彷彿とさせるだろう。

「片踏み」の応用は、野球にも見ることができる。京大大学院助教授の小田によると、シアトルマリナーズのイチローの打撃直後の走り始めには、「片踏み」が見られるという。

打ち終わった瞬間に振り出される左足。それが右足の後ろで一度踏まれているが、これによって、右足が一塁方向へと自然に押し出され、走塁の初動が鋭敏になっている。そう考えると、イチローの内野安打の多さ、ひいては彼が２００４年に樹立したメジャーのシーズン最多安打記録（２６２本）の秘密の一端は、この「片踏み」にもあるのかもしれない。

打った直後に片踏みするイチロー。右足が１塁方向へとすでに送り出されようとしている

小森の弁――。
「駕籠かきに関してさらに言えば、彼らはつねに杖を持って走っていた。古い写真や絵画を見ると、必ず杖を持っているんです

ね。何であんなものを持つのか、しばらく意味が分かりませんでしたが、他の写真でようやく合点した。彼らは一休みするとき、駕籠をいちいち地面に降ろさない。杖を駕籠の柄の下に入れて、高さを保っておくんだと思います。そうすると、もう一度担ぐとき、しゃがんで踏ん張る必要がない。昔の職人というのは、一切無駄なことをしなかったんでしょうね」

もし現代風の動きだったら……

では、江戸庶民や戦国動乱の人々が、それぞれの職業に見合った動きを放棄し、中心軸感覚の現代風の動きを取り入れた場合、どういう事態が身に降りかかっていたのか。

まず、飛脚である。彼らが身体を捻じり戻す左右交差型の走り、それも拇指球に依存した上下動の激しい走りをすると、荷物箱の中身がグチャグチャになることは避けられない。それどころか、荷物の不規則な揺れに体勢が崩れ、まともに走ることができないだろう。

天秤棒の肥桶を担いで歩くのも、かなりの苦渋を強いられるはずである。上下左右に身体が揺さぶられて、やはりどうにもこうにもならない。肥桶も大きく揺さぶられる。そうなると、辺りに糞尿が飛び散って、迷惑千万この上もないが、ついでに担いでいる本人も汚穢《おわい》に塗《まみ》れるのは目に見えている。

しかし、この程度ならマシなほうだろう。糞尿を浴びたとしても、命までとられるわけではない。戦国の地に駆けつけた足軽などは、その点、命がけである。彼らに与えられる武器は、通常槍《やり》1本だけである。馬上の武将も同じような状況に置かれているとはいえ、一撃必殺を旨としなければ、即座に自分の身が危険に晒されてしまう。

生きるか、死ぬかという究極の場面で、その足軽が槍を手に現代風の走りで敵に突進していくと、どうなってしまうのか。

当然のことながら、槍の先端を標的に対して真っ直ぐ向けることが困難になる。上下左右に激しく動き、標的を突き貫く確率を低下させるが、それだけではない。敵に迎え撃つための余裕を与えることにもなり、したがって足軽自身が身の危険に晒される要因にもなるだろう。

これとよく似た近代スポーツが、棒高跳びである。ポール（棒）は槍よりもはるかに長くて、重い。棒高跳びの選手は、そのポールを手に跳躍に向けて疾駆するが、上体を揺らして走っては、踏み切りのためのボックスにポールの先端を入れることが難しくなる。それどころか、助走にさえ四苦八苦して、コースアウトという憂き目に遭うかもしれない。

この棒高跳びも含めて、前述の〝職業〟の身体運用に求められる共通項は、身体の捻じり

棒高跳びの助走。ポールを揺らせば、走ることさえままならない

戻しや上下動を抑えた平面的な身の運びである。いわば、重心ラインを一定させた摺り足的な足の運びが必要になってくる。彼らが半ば無意識的にそれを実践してきたのも、身体の求める声に素直に従った結果なのかもしれない。

小森は言う。

「幕末明治の草履を履いた袴《はかま》姿の人たちの写真を見ると、みな一様に爪先が外を向いて歩いている。座っているときも、足先は外を向いてますね。股関節を外旋状態にしているわけで、これが人間にとって最も自然な姿なんですよ。ところが、西洋から洋服や靴などの文化が入ってくると、しだいに足先を真っ直ぐ向けたり、膝を揃えたりするようになった。肘かけ椅子の登場も股関節の外旋状態を妨げましたね。

床《しょう》几《ぎ》

木の部分が前後になるのが正しい座り方（絵は、上杉謙信の刀を軍配で受ける武田信玄。『絵本信玄一代記』より）

出陣前の戦国武将が床几《しょうぎ》（脚の交差した腰掛）に腰掛けるでしょう。昔の歌舞伎の写真でしか分かりませんが、戦国の武将は足を広げて床几を跨ぐようにして座っています。でも、テレビの時代劇などでは、座り方をたまに間違えてる。木のあるほうに足を跨いでいるんですよ(笑)。本当は木の部分が身体の前後にくるようにして、跨がなければならない。というのも、床几というのは足を広げて座るようにできているんです。そのほうが、急襲を受けたとき、咄嗟に動くことができる。床几は立つと、パタンと倒れるようになっていますから、スッと真っ直ぐ立ちやすいし、床几に邪魔されず迅速に動くことができる。

しかし、木を跨いで座ると、立つときに床几を移動させなければ、立ちにくいし、動きにくい。ましてや、鎧《よろい》を着てますからね。急に襲われたとき、咄嗟の対応ができなくなってしまうんです。ようするに、床几にしても、戦国武将の目的に適っていたわけです」

目的に応じた身体運用。それを助ける道具。それがまた、身体のパフォーマンスを向上させるということを考えると、ある存在を思い浮かべずにいられない。

忍者――。

究極の「ナンバ」の使い手である。

忍者の里を訪ねる

ＪＲ甲賀駅から車で5分ほど行くと、からくり屋敷や手裏剣道場、博物館などが点在する原生林に囲まれた広大な敷地がある。

「甲賀の里　忍術村」――忍者研究の第一人者であり、考古学者でもある柚木《ゆのき》俊一郎が、1983年に開設した忍者の村である。2002年には同村内に日本初の忍術学校「甲賀伊賀忍術学園」をオープンさせた。

その忍者のナンバの話に入る前に、戦国時代に暗躍した忍者とはいったい何か――という問いについて少々触れなければならない。

柚木が言う。

「そもそも忍者のイメージは、江戸時代の歌舞伎の中から作られています。歌舞伎俳優は男に限定されていますが、忍者を題材にして男から女、女から男への変身を演じた。そうこうして歌舞伎の人気が上がってくると、煙と共にガマに変身する〝自来也《じらいや》〟を登場させたり、大蜘蛛や大蛇に変身したりと、忍者の存在が派手に演出されるようになったわけです。

実際、大正時代に流行った立川文庫の『猿飛佐助』の挿絵には、歌舞伎衣装の忍者が描かれています。で、その『猿飛佐助』などが忍者に仙人的なイメージを加えると、昭和40年代に入り、今度は市川雷蔵主演の映画『忍びの者』が人気を呼んだ。これによって、忍者のイメージは派手さから夜陰に乗じるといった〝忍びの者〟的なものに変わっていったわけです。衣装も黒装束で、これが今日における忍者のイメージということになりますね」

私の手許にある『大辞泉』で、「忍者」を調べてみると、たしかに〈忍術使い、忍びの者〉とある。さらに、「忍術」については、こんな語釈がされている。

〈敵の情報を調査したり、後方を攪乱《かくらん》したりする術。変装・潜行・速歩などを利用し、巧みに敵方に入りこむ……〉

もっとも、これが「忍者」「忍術」の本当の意味だとしても、ある矛盾点はどうしても拭《ぬぐ》い去ることができない。

黒装束に身を包む忍者の姿である。黒装束姿はテレビや映画などで、もはや私たちのイメージに定着しているが、はたしてこの格好で〈巧みに敵方に入りこむ〉諜報活動が可能になるのか。諜報とは〈相手に気づかれることなく、情報を探る〉という意味である。

そう考えると、黒装束に身を包んだ忍者とは、刑事が警察官の制服を着用して張り込みを行っているようなもので、相手にその存在を知らしめているのと同じである。隠密どころか、みすみす自らの正体をさらけ出しているようなものだろう。

「忍者が忍者と知られたら、まったく意味がないということです。だから、隠密活動にしても、侍の格好であったり、農民の格好であったり、商人の格好であったり……と、ようするに彼らはごく普通の庶民と変わらなかったはずです。

戦国時代と江戸時代の忍者は違う行動をしていたと言われていますが、未だ忍者そのものの実態も分かっていません。だからこそ、忍者と呼ばれるわけですよ」

柚木が唱える歴史的考察のひとつに「松尾芭蕉忍者説」というものがある。松尾芭蕉が伊賀上野の出身という事実もさることながら、あの有名な『奥の細道』の紀行から帰った数年後、彼が通った地域の1カ所がお取り潰し、別の1カ所は他へ移されたという。

芭蕉が幕府に対する不穏な動きを探り出したという推測が成り立つが、彼の1日40キロという行程にしても、紀行というには精力的すぎるような気がする。

芭蕉と忍者。いずれにしても、イメージ的な結合が希薄なこの両者のような関係こそが、忍者の本来の在り方であるということを頭の片隅に入れて、以下を読み進めていただきたい。

忍者の身体運用法と「二軸（常歩）理論」

私が甲賀に忍術村を訪ねたときのことである。取材の途中で、〝村長〟の柚木が底の浅い

黒装束に身を包んだ忍者（右）。左は柚木

芭蕉の門弟・許六が描いた「奥の細道行脚図」。「奥の細道」紀行時の芭蕉の姿が忠実に描かれているという（天理大学附属天理図書館蔵）

２つの紙箱の中に、やおら卵を並べ始めた。ひとつの箱にそれぞれ15個の生卵である。

その２つの箱を足幅の間隔で床に置くと、柚木が私に言ってきた。

「ブロイラー飼育されたものなので割れやすいけど、この卵の上に乗ってください」

私は最初に、右足を生卵の上にソッと置いた。この状態で右足に全体重をかけながら、左足をもう一方の生卵の上にかけると、右側の生卵がグチャグチャに割れてしまいそうな気がした。そうなると、まず私の靴下が生卵の中身で、ドロドロになってしまう。次に柚木が買ったせっかくの卵が台無しになる。

それを回避するための条件を、およそ２つ考えた。ひとつは足裏にある数個の生卵にかかる圧力をそれぞれ均等にしなければならない。もうひとつは右の足に全体重をかけることなく、左足を引き上げなければならないということである。

私は意を決した。右足を生卵の上に置いたまま身体を浮かすようにして、左足をもう一方の生卵の上に素早く置いた。

卵は割れなかった。

柚木が説明する。

「足裏の局所に体重をかけると、卵は割れます。割れることによって、足裏のどの部分に体重がかかっているかが分かりますから、それを修正していって、足裏全体で均等に乗る感覚を身につけていけばいいわけです。慣れてきたら、卵の上を歩くこともできるようになりますよ。

昔の忍者は深田を歩いて、そのトレーニングをしたようです。その際は左右の足裏に体重をすべて預けてはうまくいかない。斜め前に倒れるようにして、足を交互に出すのです。たとえば、体を右斜め前に倒しながら右足を出したとき、右足が浮いている状態を作るわけです。つまり、右足に全体重が乗る前に、今度は身体を左斜めに倒しながら左足を出す。それによって、右足が浮いているような状態が生まれる。これを〈浮き足〉と呼びますが、簡単に言うと、片方の足が沈む前に、もう一方の足が出ているということですね。これを交互に連続的に行う。だから、体重が60キロの忍者なら、左右の足にその半分の30キロずつかけて歩くという感じになります」

片方の足が沈む前に、もう一方の足を出す——。前記した「二軸（常歩）理論」を思い出させる言葉である。

すなわち、走歩行において、右腰が前に出たとき、すでに左腰も前に出ようとしているという、同時にして並列的な腰の動きがそれである。また、小田が力説する足裏のアウトエッジ気味による接地。踵から入って小指球に抜け、拇指球に体重が乗る前に足がパッと離れるという接地形態にも通じるだろう。

さらに、身体を斜めに倒すという要素。これもまた、半身の〈抜き〉感覚を重視する「二軸理論」に包括される要素だが、身体運用研究家の小森が言う「地球の重力に引っ張ってもらう」というナンバ的走法とも見事な一致を見る。

「水上走り」と〈浮き足〉

柚木が村長を務める忍術村では、年に一度、体育の日の前日に「全日本忍術選手権大会」を開催し、毎回１００人前後の忍術自慢が、その術を競い合っている。

競技には「水上走り」「手裏剣」「水蜘蛛《みずぐも》渡り」「塀跳び」、さらにタイムレースとして「石垣登り」がある。「水蜘蛛」の説明は後述するとして、なかでも「水上走り」はまさに、足への荷重を軽減する走りの妙を見せつけてくれるだろう。

「水上走りとは戸板を水に浮かべて、その上を走っていくというものです。でも、普通に走ってては板が浮力を失って、水に沈んでいく。そうなると、２〜3メートル程度しか走れないで、水の中に落ちてしまうでしょう。コツとしては、板の上に接地した足が沈む前に、その浮力を利用して、もう一方の足を前方に跳ばす。つまり、板の浮力がかかっているうちに、どんどん次の足を跳ばしていく。前に倒れるような感じで、体重がかかる前に次の体重移動を行うという方法ですね。

指導している連中は90センチ幅の戸板を使ってましたが、最近では45センチ幅の戸板で走れるようになった。30メートルのプールに数枚の戸板を浮かべて、最後まで走り切った者もいますよ」（柚木）

まさに、〈浮き足〉の活用である。

先に早大時代の和田毅が、波上のモーターボートのごとく砂浜を軽快に疾走したという話を書いた。また、バルセロナ五輪４００メートル・ファイナリストの高野進が究極の走りとした「水面に着いた片足が沈まないうちに、もう一方の足を踏み出す」という概念も紹介したが、そういう意味で、かつての忍者はあらゆる道具を駆使して、究極の走りを実現させた存在と言えなくもない。

ある雑誌のグラビアに紹介された上記の忍術選手権の「水上走り」の様子を見て、面白いことに気づいた。

２人の忍術使いが池に浮かべた戸板の上を走っている写真で、いずれも踏み出した足と同じ側の腕を上に掲げるという、まったく同じ所作を示していることである。

この所作は次章で紹介するシャーマニスティックなナンバ的動作をどこかで垣間見せているが、足底にかかる荷重を、腕を上げることで中和させようとする無意識の選択が働いているのかもしれない。

とどのつまり、小森が述べている「上半身の重量を空間が受け持つ」という〈浮き〉の形態を、ここでも見ることができるだろう。

水蜘蛛

もっとも、忍者にとって、速く走ることだけが目的ではない。スパイ的な諜報活動や難所の突破など、目的や状況によって行動は多岐にわたっており、したがって身体の運用法においても、さまざまな形があるのは言うまでもない。

そのための忍術秘伝の書とも言うべき虎の巻が、江戸中期に藤林保武によって著されたとされる『万川集海《ばんせんしゅうかい》』である。

その『万川集海』の中に、「水蜘蛛」と呼ばれる道具が紹介されている。ドーナツ形をし

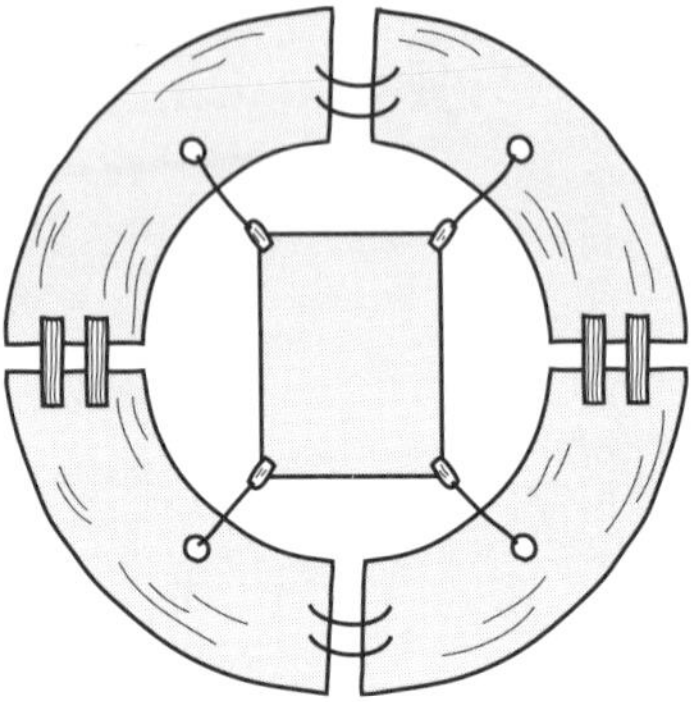

水蜘蛛

「全日本忍術選手権大会」で水蜘蛛に挑戦する人々の様子

た木製の履物で、真ん中に足を乗せる板が繋がれているものだが、主にこれは城郭の水堀を渡るために使用されたと言われている。

「当時の水堀には、不審者の進入を防ぐために、水の底に何本もの杭が打ち込まれていた。その杭に無数の縄があらゆる方向に張り巡らされていたので、泳いで水堀を渡ろうとすると、縄に身体が引っかかってしまう。さらに、水堀の底に水中で化学反応を起こして発火する蛍火を置いていたので、水底からサーチライトのように明かりが延びていた。だから、水面が波立つと、すぐに分かるようになっていました。その警戒網を回避するための道具として、水蜘蛛が考え出されたわけです」（柚木）

ただし、水蜘蛛には推進力がない。そのため、長い竹や張られた縄を利用して推進力を得なければならず、水面を揺らさないためには、上体の動きと同調させるように水上の水蜘蛛を平面的に移動させる必要がある。

この水蜘蛛による水渡りにも、「戸板走り」同様、上記した〈浮き足〉の要素が絡んでくるだろう。つまり、足底への荷重を均等に分散させ、しかも、足底にかかる体重を半減させつつ、水上を歩くというテクニックである。

それに失敗したときは、どうなるのか。

蛍火に照らされた水面が大きく揺れるか、最悪の場合は水堀へと転落するかもしれない。そうなると、張り巡らされた縄の餌食になり、敵陣の包囲網に晒されるのは目に見えている。

キツネ走り

一方、忍術的な走歩行と言えば、いわゆる「忍者走り」を無視するわけにはいかない。その忍者走りに代表されるのが、「キツネ走り」と呼ばれるものである。柚木によると、雪上に刻み込まれた狐の足跡は、一直線上に延びているという。その狐の足跡のごとく一直線上を走るのが「キツネ走り」ということになる。

では、「キツネ走り」は、なぜ必要になってくるのか。

前述したように、忍者はそれぞれの目的や状況に応じた身体運用を身につけなければならない。

走るところも平地だけとは限らない。知識として蓄えた気象学や天文学などに頼りつつ、夜陰の難場を影のように疾走し、月明かりだけを頼りに険しい山岳の道なき道を駆け巡ることもある。

当然、細い垂木《たるき》の上や傾斜のきつい屋根の上を走ったり歩いたりすることもある。そんな

①

②

③

キツネ走り

とき、本書で効率的な走りとして紹介している骨盤の幅を利用した二軸走法を行うと、どうなってしまうのか。

垂木の上では間違いなく足を踏み外し、転落の憂き目は免れない。傾斜のある屋根の上では、一歩踏み出しただけで身体が大きく傾き、アッという間に屋根から転がり落ちることになる。上下四肢を互いに捻じり戻す左右交差型の走りを試みても、ほぼ似たような結末が待っているだろう。

柚木の説明――。

「キツネ走りとは、傾斜のあるところや細い垂木の上などの難所を走るのに適しているということです。つまり、腰を沈めた状態で上半身を動かさず、足だけを一直線上にクロスに入れるという走り方です。ただし、人間というのは上下のバランスはとれても、左右のバランスはとりにくい。サーカスの綱渡りがありますね。あのとき長い棒を手にするのは、左右のバランスをとるためですが、忍者は棒を持たなくてもバランスをとれる。

また、普通の人間が道のないような山を駆け降りるとき、大概は爪先に力を入れてしまいます。ブレーキをかけながら降りるわけですが、それをやると必ず足を痛めてしまうんですよ。しかし、忍者や山岳修験《しゅげん》者はブレーキをかけることなく、跳ぶようにしてアッという間に降りてしまう。勢い、惰性を利用しているわけです」

人間の行動や思考は、訓練や学習によって決定されるところがある。手を振らず、身体を倒すようにして歩く赤子が、成長とともに中心軸感覚の左右交差型の走歩行になっていくのも、学習という経験がその根底にあるからなのだろう。

そういう意味で、私たちが日常生活において抱く感覚もまた、学習されたものと言って過言ではない。

たとえば、真っ暗闇の中、階段を歩いて下りる。同じ段差の階段を下りていくうち、私たちの感覚はそのリズムに慣れていく。それが、ひとつの学習である。

ところが、慣れ切ったその感覚で、段差の違う階段が突然現れたとしたらどうなるか。ほとんどの人間が自分の感覚と現実とのズレに驚き、思考の瞬間的な混乱をきたすはずである。さらに段差が急に大きくなった場合は、踏み外して転げ落ちるという事態にも遭遇しかねない。

忍者が使うひとつに、その相手の感覚的なズレにつけ込む術がある。これを忍術用語で「入虚術」と呼ぶ。文字通り相手の〝虚〟に入り、目的達成のための錯乱を誘うことだが、逆に言うと、忍者の「入虚術」を阻止するための「防忍」も駆使しなければならない。

つまり、彼らは、一般的な人間が混乱する感覚と現実とのズレでさえ、通常の感覚として学習しなければならず、したがって、予想され得ぬものまでも予想できる拡大した思考の持ち主とも言える。その常識にとらわれない自由性こそが、道なき道や難場の疾駆、水上の走歩行、平均台の幅よりも細い垂木の上を苦もなく走ることを可能にした。

そう考えると、スポーツとしての「走り」にも同様のことが言えるのかもしれない。すなわち、明治時代から強要されてきた左右交差型の走りからの脱却。既成のコーチング概念を超えた進化へのプロセスの重要性である。

柚木は口にしている。

「忍者は自治体を作っていた。君主を自分で選んでいたし、物事にとらわれない生き方をしていました。変幻自在にして、臨機応変というのが、彼らのスタンスです。思考の自由性、合理性というものを持っていた。目立たないように生きていていながら、その時代を超越した存在だったとも言えます。だからこそ、彼らは人間離れした身体運用を可能にできたのだと思いますよ」

第5章　ナンバ論の真贋《しんがん》

ナンバにおける〝動〟の側面

先に江戸時代までの日本人の歩きを「ナンバ歩き」と記した。繰り返すが、「右手、右足を同時に出す」という歩行スタイルである。

一方、すでに紹介したように、古武術研究家の甲野善紀は「当時の庶民には腕を振る習慣がなかった」としている。これが事実ならば、「ナンバ歩き」には、躍動感のない〝静的〟な側面が横たわっていると言えるだろう。

その延長線上にある「ナンバ走り」。こちらもまた、同じようなニュアンスで捉えられがちである。したがって、「ナンバ」という言葉そのものにも、当然ながら〝静的〟なイメージが漂っているだろう。少なくとも、ダイナミックな印象は希薄である。

しかし、実際にそうなのか——。

その真偽を問う前に、なぜナンバが時代の産物と化したのかを、簡単に説明しなければならない。

歌舞伎演出家の武智鉄二。彼は明治10（1877）年の西南戦争が大きく関与しているという説を唱えている。

このとき、農民で結成された熊本の鎮台兵が、西郷隆盛率いる薩摩兵に追いつかれて惨殺されたが、その薩摩兵の走りが同盟国・イギリスから導入した左右交差型のものだったという。これを機に、明治政府は西洋式の走りを教育の一環として取り入れ、今日に至っているとする説である。

だが、鎮台兵が惨殺された背景には、走り方の相違よりも、薩摩兵と鎮台兵の行軍における優劣があったというのが事実だろう。

明治新政府は軍事国家の建国を目指していた。憲法が制定される前に徴兵令を発布したことは、いかに軍事化が急務だったかを物語っている。明治政府が行軍に適用する西洋のリズムをいち早く学校教育に取り入れ、同時に「西洋式走り」の徹底普及に努めた理由が、ここにある。

甲子園での入場行進。明治政府が強いた行軍の名残り

つまり、私たちが常としている腕を前後に振り、足並みを揃えるという歩行スタイルは、明治政府が強いた行軍の産物であり、それが顕著に出ているのが高校野球などの入場行進である。

もっとも、「江戸の庶民には走る習慣がなかった」という。となれば、上記の西南戦争において、走ることに慣れていない鎮台兵が、西洋式走りを学んだ薩摩兵に追いつかれたのは、しごく当然と言えるかもしれない。

そこで、疑問である。当時の庶民にとって「走る」とは、どういう意味を持っていたのか。

「五体治療院」代表の小山田良治から、興味深いことを教えてもらった。

「走る」という字の由来だが、「歩」「足」「走」という順に説明すると――、まず、「歩」は、〃歨〃と記されていた。〃止〃の下に〃㐄〃である。これは、右足、左足という意味でもある。

「足」という字は、〃足〃。〃口〃の下に〃止〃である。

さらに、「走」は、〃𧺆〃と記されていた。〃夭〃の下に〃止〃である。〃夭〃には「はしゃぐ」という意味があるという。

小山田は言う。

「つまり、〃𧺆〃を直訳すると、〃はしゃぐ足〃ということになる。昔はバタバタと足を踏んでいるのが、走るということだったのでしょう。今で言えば、100メートルをはしゃぎ回るのが速い人が、短距離の王者。42・195キロをはしゃぎ回るのが速い人が、マラソンの王者ということになりますかね（笑）」

たしかに、古い絵画には、庶民の「はしゃぐ足」が随所に描かれている。火事などの災害で狂乱状態に陥っている様で、当時の庶民が盆踊りのように両手を高く掲げ、ほうほうの体《てい》で逃げ惑っているのが分かる。

先に「ナンバ歩き」を〃静〃の側面として定義し、その延長線上にある「ナンバ走り」にもまた、同様の側面があるのではないか、ということについて書いていた。

しかし、当時の「走」が「はしゃぐ足」という意味に置き換えられるのならば、少なくともそこには〝静〟のニュアンスは存在しない。あるのは、エネルギッシュだが、ひどく滑稽な〝動〟の側面である。

そう考えると、「無駄のない動き」としての「ナンバ」のイメージは、実体を失ってしまうだろう。

そこで、本書では一般的なナンバ論を紹介しつつも、そのイメージを一度、崩壊させなければならない。

すなわち、一般論とは異なる「ナンバ」そのものの再考察である。

半身の姿勢

今日、私たちが把握しているナンバは、前出の武智鉄二の説を、ほぼ踏襲したものである。といっても、「右足が出るときに、右手が出る」という〝動作〟を指しているのではなく、彼のナンバの定義は、主に〝姿勢〟に向けられている。
彼の著書『伝統と断絶』には、
〈右足が出る時は、右手が出るという言い方は、ナンバの説明によく用いられる方法だが、正しくは右半身が出るといったほうがよい。つまり、農耕生産における半身の姿勢がそのまま歩行の体様に移しかえられているのである〉

と、書かれている。

また、別の著書『舞踊の芸』では、半身姿勢に関連したこんな記述がある。

しかし、このような歩行は、全身が左右交互にむだに揺れて、むだなエネルギーを浪費することになるので、生産労働の建て前上好ましくない。そこで腰を入れて、腰から下だけが前進するようにし、上体はただ腰に乗っかって、いわば運搬されるような形になる。(略) ただし、日常行動では能ほど厳格でなくてもよいので、上半身の揺れを最小限にとどめる程度であるかもしれない。この場合、右足が出たときには右肩も少し出るが、背筋をしっかり伸ばして、背筋の力で肩の揺れを留め、エネルギーのロスを最小限とするように心がける。

だから、ナンバ歩きには、手を振るという説明は、正しくない。農民は本来手を振らない。手を振ること自体無駄なエネルギーであるし、また手を振って反動を利用する必要が、農耕生産にはない。稲は一定の場所から動かないし、走って追っかけるような生産行動は、ぜったいない。農民の行動には走るという作用もない。その証拠に能や、後世の歌舞伎においてさえ、走るという芸の行動はない。

現在、最先端をゆくスポーツ科学は、ある意味この武智のナンバ半身姿勢説を応用、進化させたものとも言える。つまり、前出の小田や木寺、さらに小山田が唱える二軸の動作（半身姿勢の応用）を基盤としたコーチングである。

だが、古来より語り継がれてきたナンバの定義は、どう説明したらいいのか。「右足を出したとき、右手を出す」という本来のナンバの意味するところは、いったい何だったのか。

武智はなぜか、そこまで言及していない。

日本人独自のもの？

武智の説くナンバは、あくまでも農耕民族特有のものであり、躍動的な狩猟民族にはないと特徴づけていることである。

前記したような〝静〟のイメージが付き纏《まと》うのは、この武智ナンバ文化論が今日まで受け継がれてきた影響だろう。そして、この〝静〟の側面がスポーツに導入されることによって、合理的、省エネ的な意味合いを持つ「ナンバ的身体運用法」という名称が誕生したという捉え方もできる。

だが、武智が展開したナンバ論は、彼独自の民族文化論を正当化するための〃道具〃にすぎなかったという声がある。『歌舞伎リアルタイム』（森話社）の著書もある演劇評論家の大矢芳弘の説である。

大矢は口にする。

「武智さんは民族主義的な傾向が強かった。日本が西洋からの圧力で、生活様式を軍隊式に変えて、日本人のアイデンティティが失われてしまうことに強い不満を抱く左派の思想家でした。機械的に動く人間を作る軍国主義によって、人間の本質が失われることを危惧してたわけです。日米安保にしてもアメリカの言いなりになるのではなく、日本の古き良き伝統を見直すべきだと主張した。

ようするに、武智さんには日本人は西洋とは違うという民族論を、自分の思想に組み入れる必要があった。その一環として『武智ナンバ論』が登場してきたわけです。ナンバは農耕民族である日本人独自のもので、歌舞伎や日本舞踊などにもそれが顕著に見られるという主張です。簡単に言うと、人間の本性回帰を訴えるために、ナンバを利用したということになるでしょう。

しかし、〝右足と右手を一緒に出す〟というナンバ論では、日本独自の特徴とは言えない。むしろ、そういう動きは西洋の踊りに多く見られ、日本の歌舞伎や舞踊には少ないんです。そこで、武智さんはナンバを拡大解釈した。同側の手足を一緒に出すという〝動作〟ではなく、右半身、左半身が出るという〝姿勢〟をナンバであると広義に解釈してしまったわけです。つまり、彼は独自の民族文化論を強く主張したいがために、ナンバを利用したというのが、私の解釈です」

正反対の「ナンバ論」

歌舞伎舞踊の「振り」について初めて系統立てられた書物がある。嘉永７（１８５４）年、初代・西川鯉三郎によって著された『妓楽踏舞譜』だが、大矢によると、その中に「振り」としての「ナンバ（難波）」についての項目があり、こう定義されているという。

「此《この》振ハ、手足一ツニフル也」

大矢が知る限り、ナンバが登場する最も古い文献だが、「同じ側の手足を同時に出す（振る）」というナンバの基本的定義を考えると、この言葉はまさに同意語として把握することができるだろう。

では、歌舞伎や舞踊などにおいて、「此振ハ、手足一ツニフル也」とは、何を表現するものだったのか。

大矢の前出の説を裏づけるように、実は武智以前の「ナンバ論」は、まったく正反対のものだった。

たとえば、舞踊評論家・蘆原英了のナンバ論である。

「蘆原さんは〝ナンバ〟とは西洋的なものだと言っています。つまり、西洋のダンスやバレエのような動きが躍動的で力強いのは、〝ナンバ〟の動きが多いからだとしているわけです。『白鳥の湖』や『ウエストサイドストーリー』などは、たしかに飛んだり跳ねたりして躍動的ですね。

一方、歌舞伎や日本舞踊の動きとなると、摺り足的で、〝手足一ツニフル也〟とはかけ離れている。このように蘆原さんの解釈は、武智ナンバ論とはまったく正反対で、日本舞踊が躍動的でないのは、ナンバの動きを忌み嫌っているからだ、と結論づけています。

ただし、歌舞伎の中にも〝ナンバ〟がないわけではない。『三番叟《さんばそう》』という踊りがありますが、これは神楽で巫女《みこ》が用いる鈴を使って田植えの模様を大げさに表したものです。つま

躍動的なバレエの動き（上）と、静的な歌舞伎の動き（下）
本来のナンバはバレエの動きに見ることができる

ナンバ本来の動きの原形を留める阿波踊り

り、〃手足一ツニフル也〃を意味する〃ナンバ〃には、物事を大げさに表現する。あるいは、滑稽に見せたり、ダイナミックに表現したりするという意味があるわけです。言い換えれば、〃珍奇で異風な〃ということになるでしょう」（大矢）

珍奇にして異風、かつダイナミック。それを表現するための「手足一ツニフル也」という所作。このナンバ本来の動きの原形を留めているのが、徳島の阿波踊りである。

足を踏み替えながら両手を挙げて踊り狂う様は、まさに躍動感とコミカルな側面が融合したナンバの動きと言えるだろう。

ナンバの語源

もっとも、このナンバの語源については、今なお模糊とした謎に包まれている。はっきりしているのは、ナンバが「ナンバン」と呼ばれることもあったということだが、大矢は「特殊な動作を意味する一般用語が、そのまま舞踊用語になったのではないか」という仮説を立てている。

それを探るための前段階として、ナンバ語源の諸説を紹介する必要があるだろう。すなわち、「南蛮人説」「骨接ぎ説」「滑車説」「かんじき説」などだが、以下は大矢が2000年に『歌舞伎―研究と批評26号』（歌舞伎学会発行）に記した〈「ナンバ」源流考〉の中から、一部拝借したものである。

①「南蛮人説」は、南蛮人が大手を振って闊歩する姿を〈南蛮人＝なんばん→ナンバ〉と呼んだという。勿論、南蛮人がナンバに歩くはずもないが、京都の祇園祭では南蛮人の仮装をして練り歩くことがあったといわれ、物真似して誇張する余りに手の動きが逆になってしまったのであろうか。

②「骨接ぎ説」は、その昔、大阪の難波村に有名な骨接ぎの医者があって、骨を折った患者がえっちらおっちら杖をついて歩く姿を〈骨接ぎ＝なんば→ナンバ〉と呼んだという。

③「滑車説」は、和船や鉱山などの作業に用いる滑車やそこに絡ませた綱のことを「なん

ば」と呼ぶ方言があり、腰をかがめて綱を引く半身の姿を〈滑車＝なんば→ナンバ〉と呼んだという。

④「かんじき説」は、水田に入るときに用いる田下駄、あるいは雪道を歩くのに用いるかんじきのことを「なんば」と呼ぶ方言があり、そのかんじきを履いて重々しそうに歩く姿を〈かんじき＝なんば→ナンバ〉と呼んだという。

この中で武智が「ナンバ」の語源として採用しているのは、③の「滑車説」である。

大矢の説明――。

「武智さんは、『南蛮人説』と『骨接ぎ説』をしりぞけて、『滑車説』と『かんじき説』に着目して世に紹介した。しかし、半身姿勢にこだわる余り、『滑車説』を採用して『かんじき説』を自ら否定してしまったのです」

武智が「滑車説」にこだわった背景には、すでに説明したように独自の民族文化論がある。つまり、半身姿勢を日本文化論に組み入れるための拡大解釈がその根底に流れている。

そう考えると、彼にとっての「ナンバ」は、あくまでも「滑車説」が語源でなければならなかったのかもしれない。

珍奇で異風、かつダイナミック

一方、大矢が支持しているのは、「かんじき説」である。

「動作のナンバの語源は、いずれも文献では証明できない俗説のレベルにとどまっています。しかし、〝手足一ツニフル也〟というナンバの原義を最も的確に示しているのは、かんじき説ということになるでしょう。

かんじきや田下駄の中には、泥や雪にはまった履物を引き上げる力を少しでも楽にするために、鼻緒に長いひもを付けて手で引っ張るように工夫されているものがあり、まるで竹馬に乗るのと同じように、右足を上げるときには右手を振り、左足を上げるときには左手を振るナンバの動作を生じることは興味深

かんじきと同じように雪の上を歩く道具である「スガリ」。慣れた人はこれをはいて獣を追うという（鈴木牧之『北越雪譜』より）

いと思います」

かんじきや田下駄のことを「なんば」と呼ぶ方言は日本全国に分布していて、日本最古の方言辞典である『物類称呼』にも紹介されている。しかし、それらの民具が、なぜ、「なんば」と呼ばれるようになったのか、民俗学の分野でもその語源については定説がない。

「かんじき説」を支持する大矢は、「そもそも、〃なんば〃という民具の名称が先にあったのではなく、逆に、動作のナンバから民具がそう呼ばれるようになったとも考えることもでき、どちらが先かは分かりませんが、少なくとも、民具の〃なんば〃と動作の〃ナンバ〃の間に強い関連性を認めることはできるでしょう」という立場をとっている。また、「あえて推論するなら」と前置きして、こんな解釈を加えている。

「南蛮から渡来した新しい技術である『かんじき』を履いて歩く、ぎこちなく不自然な動きが、ナンバと呼ばれたのではないか。つまり、〃珍奇で異風〃な〃南蛮〃が『かんじき』を媒介にして、動作を意味する用語に変換されたという推論です」

前記したように、この「手足一ツニフル」というナンバの動きは、たしかに昨今の歌舞伎舞踊には、あまり見ることができない。それに対して、武智鉄二が半身姿勢をナンバと拡大解釈したということも、すでに説明した。

もっとも、武智ほどの熱心な民族文化論者が、ナンバの拡大解釈に無頓着だったとも考えにくい。事実、本来のナンバの動きを認識しているところもあり、彼自身、『舞踊の芸』の中で、こう記している。

〈ナンバは歌舞伎舞踊のなかから次第に姿を消し、悪る身などと言われて、滑稽な所作として軽んじられるようになる〉

歌舞伎舞踊にナンバが多いとする彼の主張と矛盾する発言である。したがって、武智自身、独自に昇華させたナンバ論が、どこかで逆説的であると気づいていたのではないか、という解釈も成り立つだろう。

そういう意味で、大矢の「珍奇で異風、かつダイナミック」をナンバとするアプローチは、武智ナンバ論の未消化部分を解明したものと言えるかもしれない。

東京大学大学院総合文化研究科助教授の度会公治。ナンバをテーマにした身体運動理論を展開する彼も、こう口にしている。

「珍奇ということに関して言えば、緊張して歩いたら手足が同時に出てナンバになったという話がある。明治期あたりでもそれはおかしな歩きとして見られていたようです。

江戸の庶民には手を振る習慣がなかったと言われていますが、特に武士の場合は上体をあまり動かすことなく、堂々としていなければならなかった。昔のイギリスにしても、ジェントルマンはあまり腕を振らなかったと言われています。腕を振ってはみっともないというのが理由のようです」

では、「珍奇で異風、かつダイナミック」をナンバとするならば、それはいかにして歌舞伎と融合し、消えていったのか。また、舞踊におけるそのナンバの意味を派生させた本質的なものとは何なのか。

それを説明するためには、舞踊の起源について言及する必要がある。

ナンバの本質

大矢によると、舞踊誕生の背景には、説として2つの起源があるという。すなわち、「農耕起源説」と「信仰起源説」である。

大矢がまず「農耕起源説」を説明する。

「昔の農耕には五穀豊穣を神様に祈る『田楽』『田遊び』などという踊りがあった。神様に田圃《たんぼ》に来てもらうための農耕芸能で、田圃の中で『かんじき』などを履いて踊るわけです。それが、時代が下るにつれて、参加する者と観る者に分かれていった。つまり、民衆芸能としてのプロ集団ができ、舞踊化していったのです。そうなると、田の上ではなく舞台の上で演じるわけで、当然『かんじき』も履かなくなる。

舞台の踊り手はいかにも『かんじき』を履いているような動きで、大げさに農作業の模擬を演じてみせるわけです。その過程で、観ている者は、その〝振り〟の意味を徐々に忘れていく。『かんじき』を履いた踊りということを忘れ、その〝滑稽さ〟〝大げさぶり〟を堪能するようになったわけです。

このように、踊りの本質が形骸化していくプロセスの中に、近世における歌舞伎のひとつの発展があったという捉え方ができますね」

その歌舞伎からなぜ、躍動感が失われていったのか。理由のひとつは中世の武士文化によって栄えた能の存在にあるという。

歌舞伎本来の要素が「踊り」にあるとすれば、能の要素は「舞い」にある。動的な側面がある「踊り」に対して、「舞い」には抑制的、静的といった概念が横たわっているだろう。摺り足的な身のこなしが、それを表している。

大矢によると、その能の舞台に歌舞伎が乗っかる形で、歌舞伎と能が重層的に折り重なるようになったという。民衆娯楽である歌舞伎が能の静的で抑制的な動きを貪欲に取り入れていくことで、歌舞伎がより芸術的になっていったという解釈である。

一方、「信仰起源説」に関する大矢の見解——、

「『神楽』『風流』のように、人間には古来から神々へ捧げる踊りがあった。日本でも卑弥呼の時代から神憑《かみがか》り的な信仰がありましたが、これは世界に共通したものです。シャーマニズムには、巫女が激しく踊り狂いながら日常性を脱し、神へと変わっていく風景がある。つまり、普通でない異様な動作が繰り広げられるわけです。それが、踊りとしての見世物に変わっていく過程で、踊り手はこの異様な動作を意識的に表現するようになった。ようするに、客を高揚させ、喜ばすために、ナンバの〝振り〟を取り入れるようになったと考えられるわけです。そういう意味で、シャーマンが今も東アジアなどに存在しているように、ナンバは日本的というより、人類に共通する原始的でエキゾチックな信仰の儀式を映し出しているところがある。つまり、手足をナンバに動かすことで神憑りの状態を模擬的に提示するという方法です。

ところが、信仰の儀式が見世物としての娯楽へと昇華していく過程で、祭祀《さいし》という本質がしだいに忘れられていった。で、〝振り〟としてのナンバがいつしか独立していったのだと、私自身、考えています」

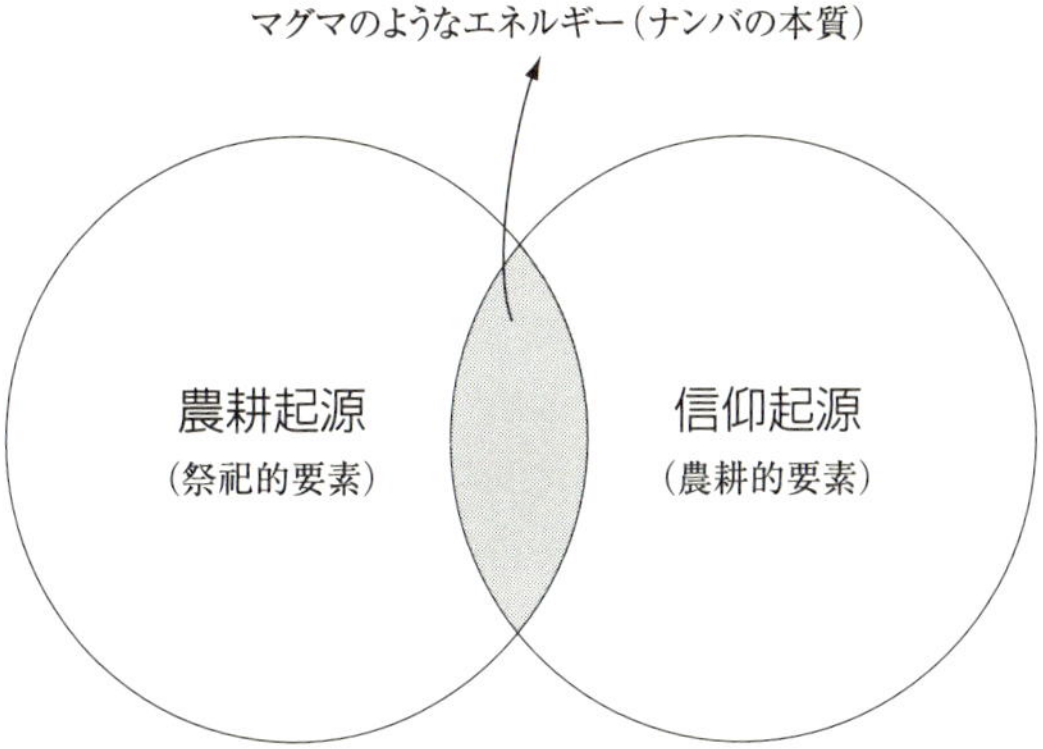

演劇用語に「我あり」という言葉がある。演劇では俳優が我を失うほどの演技は良しとされず、「我あり状態」、すなわち高揚的に自己コントロールのもと、意識的かつ高揚的に演技の本質を表現できることが一流の証《あかし》とされている。

「農耕起源説」にせよ、「信仰起源説」にせよ、舞踊におけるナンバの動きには、この「我あり」が色濃く出ているのは言うまでもない。

マグマのようなエネルギー

そこで、「ナンバの本質とは何か」という問いに立ち返ってみると、大矢が説明した2つの舞踊起源説から自ずと答えが見つかるだろう。

つまり、「農耕起源説」におけるナンバと「信仰起源説」におけるナンバとの重なり合う部分が、それである。

「マグマのようなエネルギーです」と、大矢は口にした。

「農耕起源説が〈かんじき＝ナンバ〉という〝語源〟から生まれたとするならば、信仰起源説は巫女の〝振り〟がナンバだとする〝動作〟から生まれている。

しかし、農耕の中にも祭祀的な動作が見いだされ、祭祀の中にも農耕的な動作が見いだされるという意味で、この2つの説は見事に重なり合います。つまり、田園風景という日常の中にシャーマニズム的な要素が見いだされ、一方、シャーマニズムの中に日常的な風景が見いだされるわけで、私はそこにナンバが集約されていると解釈しています。言い換えれば、普段見過ごされていたものが重なり合う部分にナンバの本質が初めて認識されるということです。

歌舞伎は舞踊として芸能としての原点を洗練することによって、今日まで演劇としての発展を遂げてきた。躍動感が失われ、本来のナンバも姿を消しつつある。しかし、その奥深くには、つねにマグマが煮えたぎっている。人間の中に秘められたナンバという太古のマグマが燃え盛っているのを忘れてはいけないと思います」

内的なパワーによって外的結果を引き起こす

くどいようだが、以上紹介してきた「ナンバ論」は、今日展開されているそれとは、まるで正反対のものである。

最近話題の「ナンバ的動作」を例にとっても、そこには「珍奇で異風、かつダイナミック」「シャーマニスティック」という躍動的な側面よりも、むしろ「身体に優しい」動きを重視した抑制的なカラーが滲《にじ》んでいる。

しかし、大矢が言う「失われた躍動感の奥に潜む煮えたぎるマグマ」とも言うべきナンバ。その歴史的考察に思いを馳《は》せたとき、今日の一般的なナンバの解釈がどこか形骸化していると感じるのは、はたして私だけだろうか。そうして、マグマ的なナンバの本質を見据えたとき、武術やスポーツにはたしかにその要素が必要だということが分かる。

いわば、内的なパワーによって外的結果を引き起こすという方法論である。古武術研究家の甲野善紀が提唱する「踏ん張らず」「うねらず」「捻じらず」。この３要素が内的パワーを生み出し、結果的にスポーツパフォーマンスを向上させるという意味も、ここにある。あるいは、内的パワーが結果としてこの3要素を生み出し、パフォーマンスを向上させると言い換えるべきかもしれない。

また、二軸（常歩）理論を展開する京大大学院助教授の小田伸午。彼もまた、「結果としての」パフォーマンスの重要性を指摘しているが、それを生み出す要因となるものが肩甲帯の〈緩み〉や腰や肩の〈抜き〉という、ある種の脱力感であることを考えたとき、「ナンバ的身体運用」の本当の意味も解けてくるのかもしれない。

すなわち、リラックス下に身を置くことによって産声を上げる、秘めたマグマ（内的パワー）の炸裂《さくれつ》である。

整体動作で内的パワーを引き出す

身体運用研究家の小森君美。彼が内的パワーを引き出す条件として重視しているのは、中国武術などで言う「整体動作」である。これが人間の最も自然な動きだという。

「口で言うのは難しいんですが」と前置きして、小森が説明する。

「たとえば、目の前のコップを手に取るとしますね。で、コップを手にする過程で、肉体の各部分がそれぞれ移動している。その際、コップまでの方向や角度によって、ある部分がこれだけ動いたら、他の部分はこれだけ動くという割合が出てきます。それらの各部位を細かく分けていって、それぞれがどれだけ移動しているのか。その感覚をつかむことが大切になってきますが、タイミングがピッタリ合って、それぞれの部位が最もいい角度で必要な場所にあったとき、効率的な動作が生まれるわけです。

簡単に言えば、肉体の各部位が協調して正しく動けば、素早い動作が生まれるし、パワーも出る。いちばん無駄のない動きということで、それが整体動作といわれるものです」

では、整体動作の感覚を養うためにはどうしたらいいのか。小森は多くの方法論に取り組んでいるが、なかでも基本となるのは次のような姿勢だという。

まず、両足を肩幅に広げて立ち、両膝をわずかに曲げる。さらに、目線は真っ直ぐに前方を見据え、両腕はリラックスさせて身体の外側に垂らす。その際、関節はリラックスさせなければならない。なぜなら、関節は伸ばしすぎても曲げすぎても、緊張を発生させるからである。緊張した筋肉が存在する状態では、身体が本来持つ能力を発揮することはない。

そして、このまま長時間立ち続けることができれば、身体にほとんど負担をかけていない姿勢、つまり自然体ということになる。

「自然体では筋肉をほとんど使うことなく全体重を骨で支えています。立つことに使われなくなった筋肉は、解放された状態にある。いつでも活動できる状態になっているんです。つまり、立つという仕事から解放された筋肉が多ければ多いほど、動作に移行したときに働くことができる筋肉も多くなるわけですね。

逆に、立つことが多くの筋肉に依存した状態にあると、それらの筋肉はそれを維持するのに一生懸命になっている。咄嗟の動きや連続的な動きに他の筋肉と一緒に参加できない。あるいは、参加が遅れることになります。言い換えれば、身体がリラックス状態にあるからこそ、全身の各部位が一斉に協力して動きだし、パフォーマンスを向上させるわけですね。

そういう意味で、今までわれわれが学校で習ってきたのは、身体を筋肉で固めながら動きを統制するというものだった。その固まりを取り去った動きが、今求められているのだと思います」(小森)

「走る」ことにおいて、本書で何度も触れてきた「蹴る」「腕を前後に振る」「体幹を捻じる」などの弊害。上記のコメントと照らし合わせると、ここにもまた、筋肉で動きを統制するという走りが存在しているだろう。

つまり、筋肉への依存が、肉体各部位の走りへの〝全員参加〟を阻み、結果的に走力を低下させるという事実である。

また、野球で言えば、現役時代の落合博満。彼のゆったりした構えからの打撃は、そういう意味で、解放状態の筋肉の〝全員参加〟によってもたらされたものと言っていいだろう（第2章及び74ページの写真参照）。

リラックス状態に身を置くことで、雄叫びを上げる体内の奥に潜むマグマ――。やはり一流のアスリートほど、優秀なナンバの遣い手なのかもしれない。

沖縄古伝空手から野球へのアプローチ

武術からのアプローチと言えば、沖縄古伝空手からのそれを試みている高校野球部がある。大阪市住吉区にある浪速高校硬式野球部である。

同野球部がグラウンドを使用できるのは、他の部活との兼ね合いで、週2度にすぎない。その環境面の不利を撥ね除けて、２００１年の春には10年ぶり2度目の甲子園に出場。ベスト8入りを果たした。小林敬一良監督のユニークなメンタルトレーニングが話題になったことでも知られている。

浪速高校のグラウンドを訪れたとき、その小林監督が言った。

「まず普通に立ってください」

私は言われる通り、ごく普通に立位の姿勢をとった。その背中を小林の手が押した。当然、身体は前方に倒れそうになり、私は片足を出して踏ん張るという状態を作り出さなければならなかった。

「では」と、小林が続けた。「今度は足底のやや前のほうに体重をかけて、腰を少しずつ沈めていく。それから息を吐きながら、下腹部に意識を落としてみてください」

再び小林の手が、私の背中を押した。私の身体はやや傾いただけで、その場に留まった。

「次にその格好で、両手の小指から掌を軽く握ってください」

同じように小林が、私の背中を押した。不思議なことに、今度は身体も均衡を失うことなく、しっかりとその場で体勢を維持している。「ビクともしない」というのが、適切な表現かもしれない。

「いったい、どうなっているんですか?」

私は首を傾《かし》げた。

小林はただ笑って、こう言葉を返しただけだった。

「たとえば、これがひとつの身体の使い方ということですよ」

体内の中心部で勢いよく回るコマ

小林が沖縄古伝空手心道流師範の宇城《うしろ》憲治と出会ったのは、甲子園の出場権を得た後の2000年暮れのことである。その伏線となったのは、小林自身がかねてから持っていた指導方針と無縁ではない。

「僕の指導は元々、選手の欠点をさわらないというものでした。目に見える欠点を指摘することは簡単ですが、それを部分的に矯正したとしても、本質的なものが変わらない限り、意味はない。欠点は何かの結果として現れるものなんです。だから、僕の方針は欠点を引き起こす、その前段階というものを探っていくものでした。その過程で、自分の目指す方向性というものが、宇城先生の教えの中にあるのではないかと思ったわけです。そういうこともあって、お会いしてその教えに触れたときも、違和感はありませんでしたね」

小林が宇城のもとで沖縄古伝空手の奥義を本格的に学び始めたのは、甲子園大会終了後のことだった。

指導者としての彼のスタンスは、徹底している。武術のエッセンスの一部を野球に取り入れるというものではなく、従来のコーチング理念をいったん破棄した上で、武術の考えを全面的に受け入れるというスタンスをとったことだった。

では、宇城が伝承し、小林が傾倒する沖縄古伝空手心道流の真髄とは、そもそも何か。これを明確に説明するだけの知識と言葉を、残念ながら私は持ち合わせていない。術理の心・技・体における理解、さらに修業という長い実践の時期を経なければ、宇城を満足させる答えを出すことはできないだろう。

ただ、雑誌や書籍などで紹介される真髄の定義に従うなら、以下のような説明になる。攻防の一体化、相手のゼロ化（無力化）、絶対性の追求……。そして、それを可能ならしめる土台となるのが、幾種もの「型」や「応用組手」である。

小林が説明する。

「宇城先生は『身体の中で、コマがつねに勢いよく回っている』という言い方をします。車に喩《たと》えると、いつもエンジンが動いている状態ですね。別の表現を使えば、身体の中心部に水源があって、そのスイッチを捻《ひね》ると、水が浸透するように身体全体に流れる。あるいは、下腹部を中心にエネルギーが四方八方に広がり、結果的に手足に伝わっていく。そういう感じになりますね。だから、いつでも反動をつけず攻撃を仕掛けることができる。それも、攻撃の手を出すのではなく、結果として手が出る。結果として、あるパフォーマンスが生まれる。結果を引き出す本質的な動きが重要だということです。

つまり、背筋ではなく〝背力〟、腹筋ではなく〝腹力〟という言い方ができますが、攻撃を受ける相手にとっては、まさにアッという間の出来事ということになるでしょう。よく『蹴ってはいけない』『捻じっちゃいけない』と言いますね。でも、そう口で言っただけでは、なかなかうまくいかない。結果的に〝蹴らない〟〝捻じらない〟という要素こそが、大事になってくるわけです。たとえば、蹴らなくなるための前段階としてのトレーニングが必要になってくるということです。これを始めてから、うちでは故障者が皆無に近くなりました」

体内の中心部で勢いよく回るコマ――。これは、歌舞伎評論家の大矢が口にするナンバの定義を彷彿とさせるだろう。つまり、体内で煮えたぎる「太古のマグマ（エネルギー）」としてのナンバ論である。

また、結果としてのパフォーマンスを求めるという意味においても、小田伸午や小森君美が唱える運動理論に通じるところがある。

では、浪速高校野球部では、体内の中心部を〝水源〟とする「結果として」の野球パフォーマンスを、いかにして体得しようとしているのか。

次章では「コーディネーション・トレーニング」と呼ばれる同野球部のトレーニング風景

の一部を紹介しつつ、「より有効な走り」を可能にするためのストレッチ法やトレーニング法の数々を紹介する。

第6章　いかに二軸、ナンバ感覚を身につけるか

身体の中で腕を振る

先に「江戸時代の庶民には手を振る習慣がなかった」という話を書いた。行軍のための左右交差型の歩きを強制的に教え込まれる前のことなので、ある意味当然と言えば当然だが、ただし、現代でも腕を振らずに歩くという光景が随所に見られる。

たとえば、片手に荷物をぶら下げ、もう一方の肩にショルダーバッグをかけている人の歩きを観察してほしい。両肩がほとんど動かず、結果的に腕の振りもないのが分かる。

また、若い女性の中には、ハンドバッグを肘にかけ、一方の手で携帯メールを打ちながら歩く姿が目立つ。このときも、腕の振りはない。

肩内部のわずかな動きでバランスをとっているからだが、古武術研究家の甲野善紀の言葉

を借りれば、「身体の中で腕を振る」という感覚に近いかもしれない。

走歩行において、腕を振らないことが、なぜ効率的と言われるのか。体幹の捻じり戻しがなく、したがって体力の消耗を極力抑えられるという利点がひとつ。さらに、推進力にブレーキがかからないという利点がある。

今日、スポーツにおけるナンバには、効率性の追求という響きがあるが、「右足と右腕を一緒に出す」という従来のナンバも、その意味の範疇に入るのかもしれない。

試みとして、額面通りにナンバ歩きを行うと、どうなるか。身体が左右にぶれて、歩きにくいことは確かである。しかし、右足を出すときに右腰をやや浮かすようにし、それに右腕を送り出すように同調させると、状況は少し変わってくるだろう。

バランスが整うだけでなく、歩幅が思いのほか伸び、体重移動もわりとスムーズに行えるようになる。

これは、剣道の打突、空手の追い突きなど、半身姿勢における動作の感覚に近いものがある。

東大大学院助教授の度会公治（前出）も、こう口にしている。

「ナンバ的動作とは、体幹部分から生み出されるべきです。それによって、強い力である瞬発力が生まれる。特に右手右足を同時に出すナンバ歩きは、股関節が十分に使われるので、スポーツパフォーマンスの向上にも繋がると思います。その際は、左右の腸骨（215ページの骨盤のイラスト参照）を前に持っていく感覚が必要になってきますね。ただし、ナンバ歩きでは長くは歩けませんが」

度会が考えたナンバ感覚の体得法が、いくつかある。

そのひとつが「3歩大股歩き」。3歩に1歩を大股で歩くことだが、たとえば、その1歩をナンバにするといった方法である。これを実践すると、ナンバ歩きそのものが持つ違和感が薄れ、長い距離を歩くことができるようになる。

また、腕を前後に出すのではなく、阿波踊りのように上に突き出す歩き方がある。右足を出すときに右腕を突き上げ、左足を出すときに左腕を突き上げる。これを交互に繰り返すことで、ナンバ的な歩行が可能になる。

さらに、度会は「股関節や背骨などを連動させて動かすと、パフォーマンスが上がり、故障が減る」として、軍隊でやる匍匐《ほふく》前進をエクササイズとして勧めている。

匍匐前進とは腹這《はらば》いになって進むことだが、ここでポイントとなるのは、腕や足を優先的に使わないことである。あくまでも股関節と背骨の動きを先行させ、それに手足を合わせる

ハンドバッグを肘にかけ、携帯メールを打ちながら歩く。腕の振りはない

右足と右腕を一緒に出す従来のナンバ

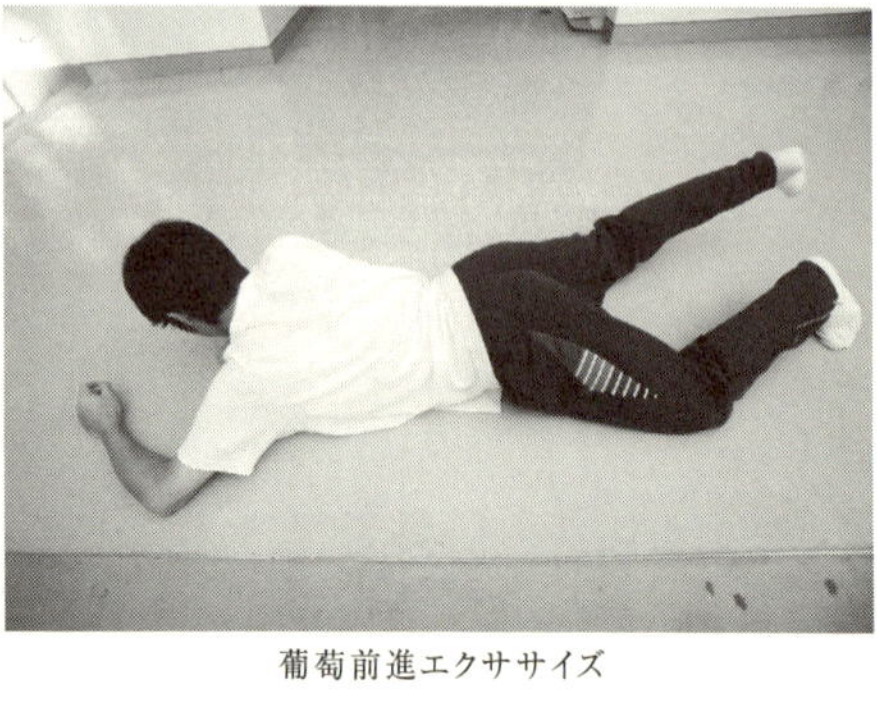
葡萄前進エクササイズ

骨　盤

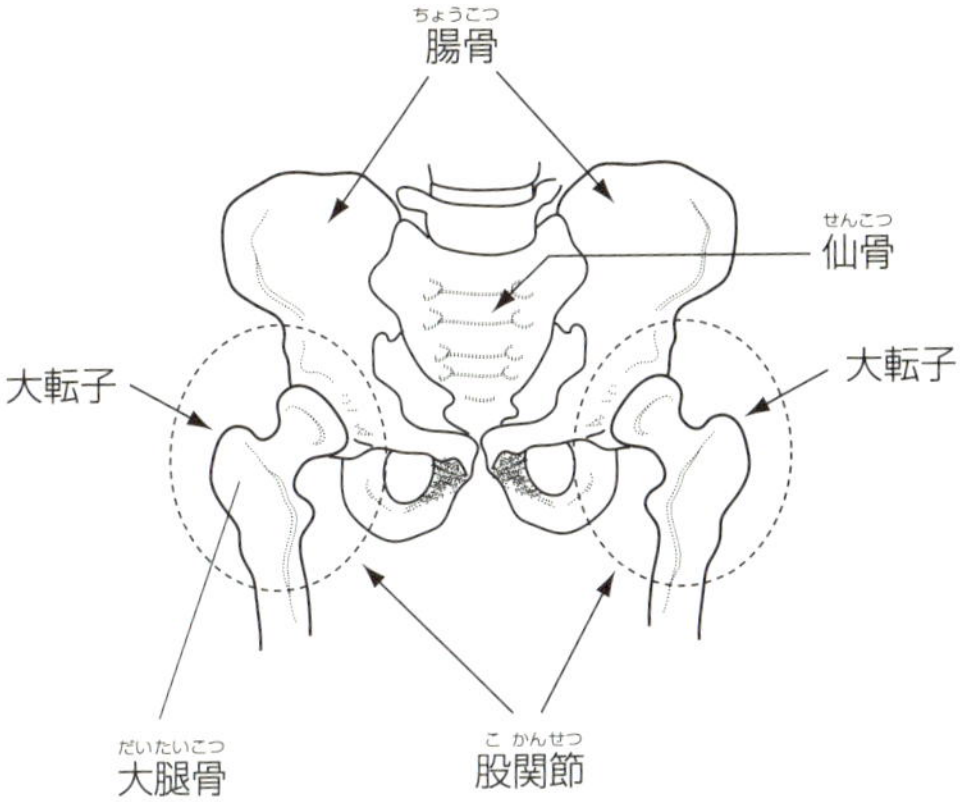

腸腰筋とそのはたらき

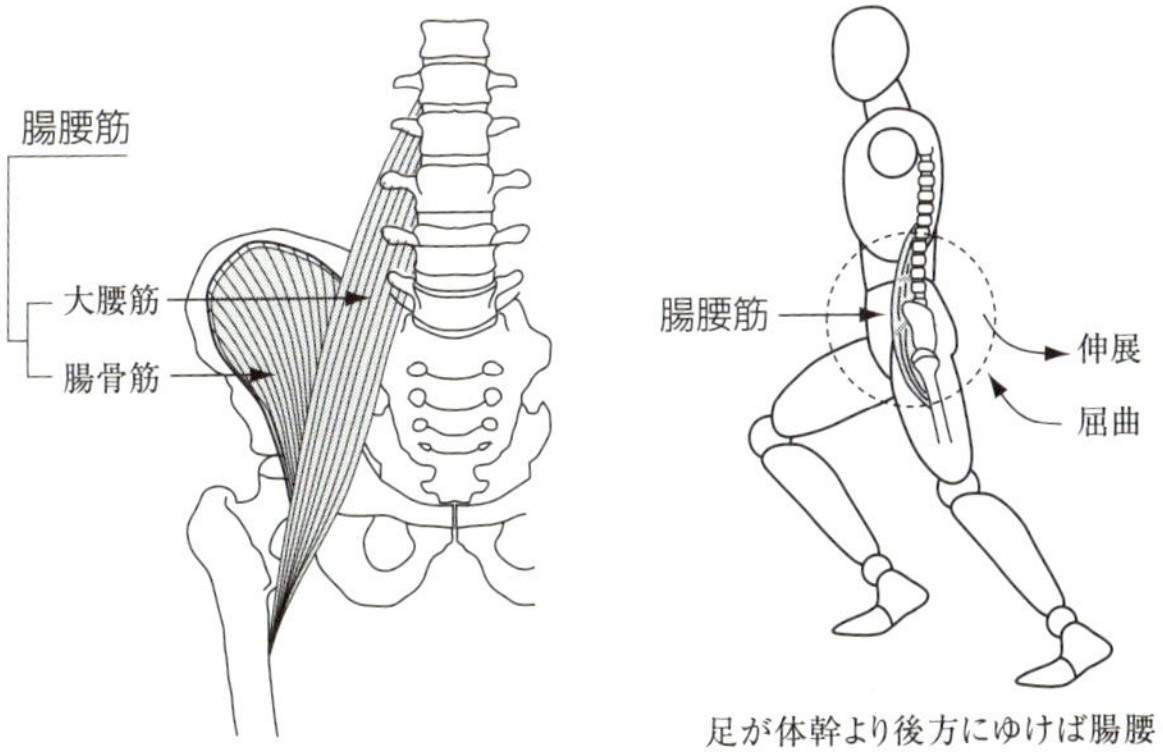

足が体幹より後方にゆけば腸腰筋が伸ばされ、収縮させようとする伸張反射がおこる

※「ATHRA」（毎日コミュニケーションズ）2002年3月号の図版をもとに作成

形で前進しなければならない。それによって、背骨の動きと股関節の動きが噛み合い、方向転換などがスムーズに行われるという。

竹馬、一枚歯の下駄での歩行訓練

ナンバと言えば、桐朋高校バスケットボール部が編み出した「桐朋流ナンバ走り」が有名である（第2章参照）。体幹の捻じれのない省エネ的な走りを模索した結果、右足を出したときに右腕の肘から先を引き上げる（左足のときも同様）という走りが生まれた。

ナンバを応用したこの手足の動きに加え、身体を前に倒すように足を運ぶと、体幹の捻じれのないスムーズな走りが可能になるだろう。すでに説明したように、「倒れるか倒れないかの境界線上で走る」という走法である。

この重力を〝友〟とする走歩行を体得するためには、言うまでもなく「身体を倒す」感覚を身につけなければならない。そのための方法が、たとえば竹馬に乗って歩くことであり、一枚歯の下駄での歩行訓練を繰り返すことである。

竹馬も一枚歯の下駄も、踏ん張ってはうまく歩を進めることができない。左右交差型の歩きも不可能である。半身を斜め前に倒すようにしなければまともに歩くことができず、した

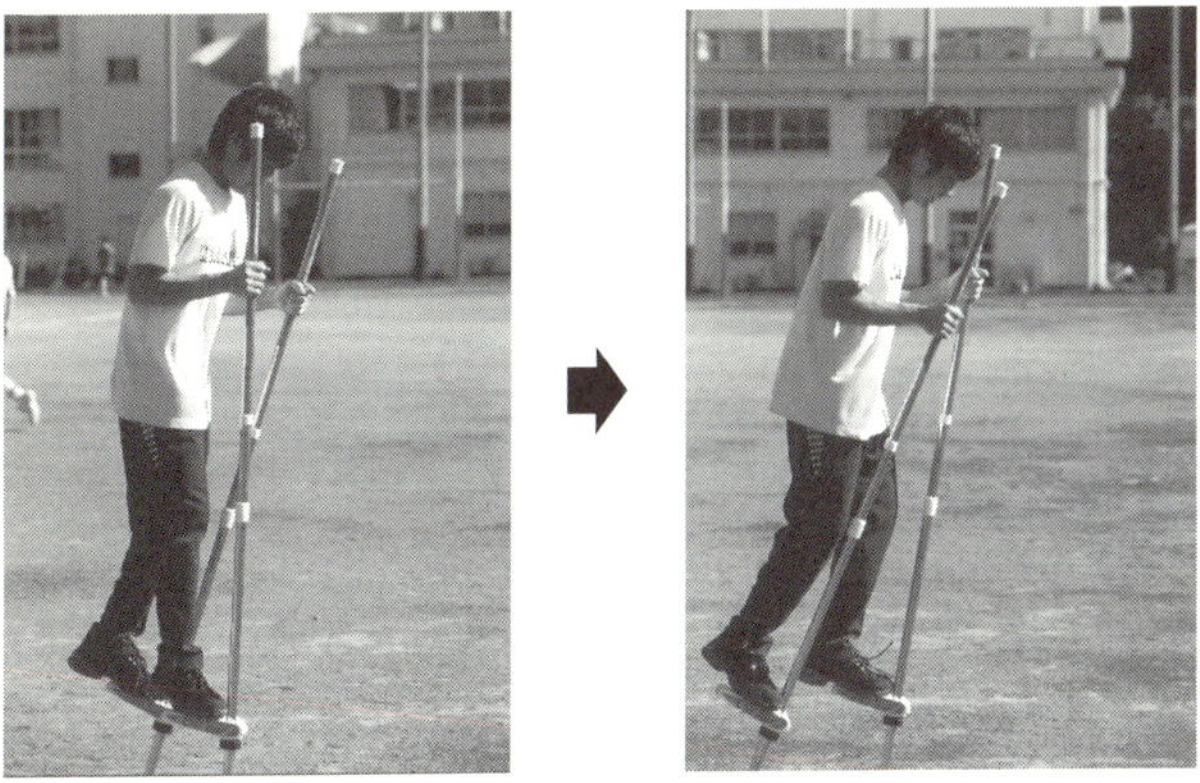

竹馬に乗って歩く

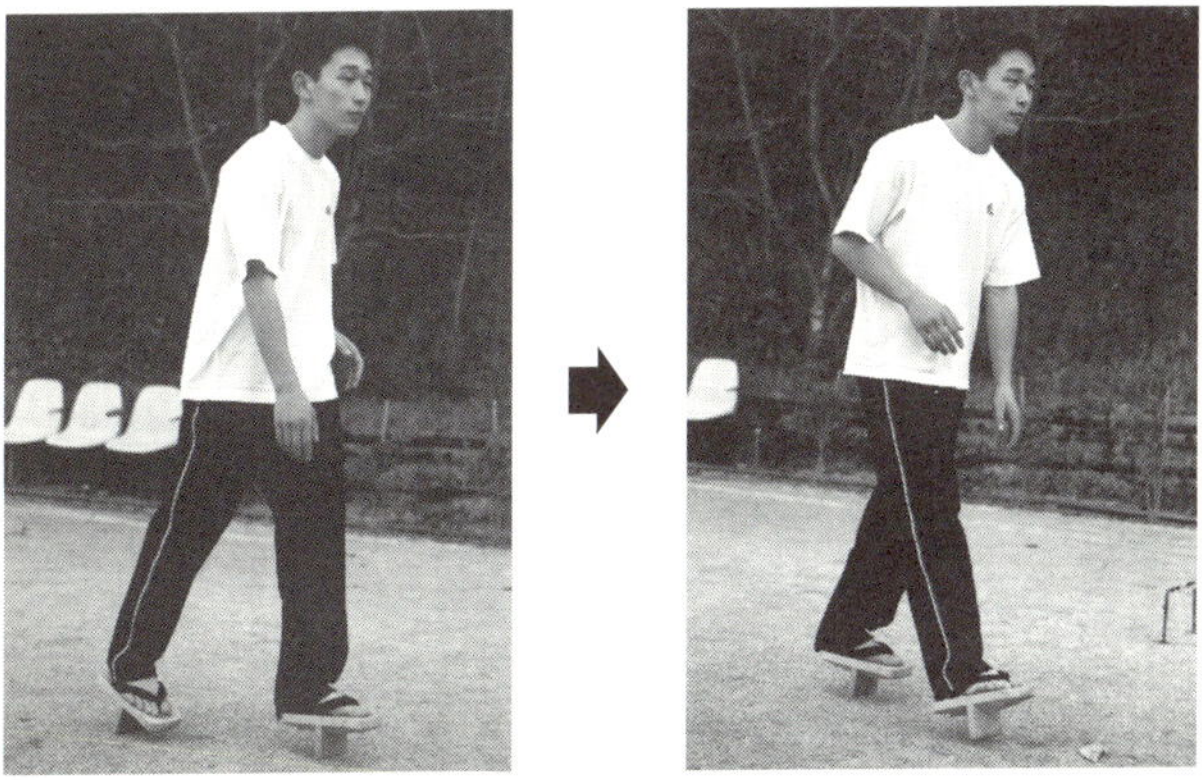

一枚歯の下駄での歩行訓練

いずれも身体を倒す感覚を身につけるトレーニングである。
踏ん張っては進めないし、左右交差型の歩きも不可能がってナンバ感覚を養うための方法としては最適かもしれない。

ただし、「身体を倒す」ことに関しては、第2章で述べたように股関節外旋、ガニ股気味の接地形態を心がける必要がある。

一方、甲子園ベスト8の実績がある前出の浪速高校。身体の調整力強化のための「コーディネーション・トレーニング」を取り入れている同野球部では、「走り」や「連続ジャンプ」からもそれに至るプロセスを求めている。

トレーニングはスパイクでなく運動靴で行い、「蹴らずに走る」をランニングのテーマにしている。同校野球部の小林敬一良監督によれば、「腹を中心にエネルギーを手足に繋げていく。つまり、お腹で前に移動する走り」を目指しているという。

そのエネルギーを引き出すための方法のひとつが、足裏を平面的に接地させる「フラット着地」によるランニング。腰をやや沈めた滑るようなその走りは、一見すると、「忍者走り」を彷彿とさせるかもしれない。

その他、同野球部には掌にバットを立てながら走るというトレーニングもある。バットを倒さずに走ることで、上下動のない走りを生み出すというアプローチである。

これは走りの本質を見据えたトレーニングであると同時に、守備における目線のぶれの防止にも役立つ。たとえば、捕邪飛や外野への飛球に対するランニングキャッチのミスを大幅に減らすことができるだろう。

さらに、同野球部の「連続ジャンプ」トレーニングの一端。220ページの写真①は跳ばした片足を交互に接地させ、②はラグビーボールを股関節に挟んだ両足跳びだが、ここでもフラット着地を心がけなければならない。

「井桁崩し」を応用したターン

「蹴らずに走る」ための最終章としては、いかに止まるかというテーマも重要になってくるだろう。通常、止まるときは爪先を踏ん張るようにブレーキをかけ、ときにこれが足の故障を誘発する。が、同野球部では歩幅を小さくすることで、足の回転数を多くし、走りのエネルギーの質を変えるという方法をとっている。

小林監督のコメント——。

「ブレーキをかけると、次の動きができない。武道で言う〝居つき〟（109ページ参照）が起こるからです。その〝居つき〟を回避するために足の回転数を上げるわけですが、これは車で言うと、シフトダウンするのと同じですね。シフトダウンされたそのエネルギーを次

バットを掌に立てながら走るトレーニング

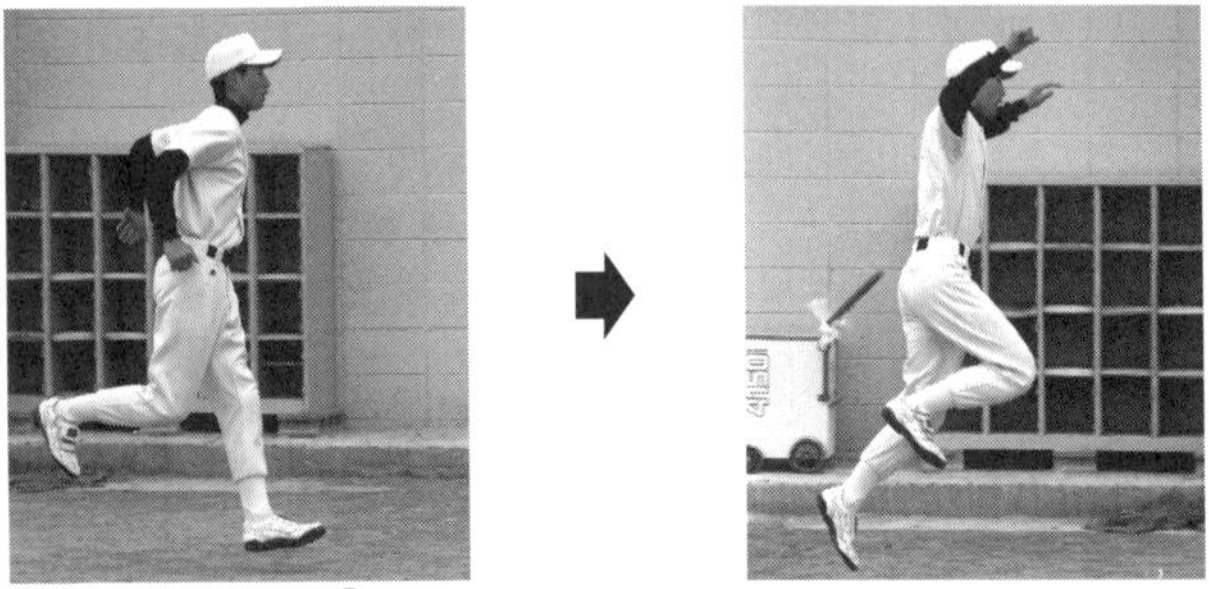

① 跳ばした片足を交互に接地させる

② 股関節にラグビーボールを挟んでの両足跳び

①

②

③

④

爪先を踏ん張るようにブレーキをかけて止まるのではなく、歩幅を小さくし、足の回転数を上げ、エネルギーの質を変えて止まるの動きのエネルギーへと転化するわけです」

このシフトダウンされたエネルギーは、ベースランニングにも転化することができるだろう。つまり、ベースを回るときの足のブレーキングを回避し、しかも、膨らみを最小限に食い止めるための方法論である。

このベースランニングに関連して、身体運用研究家の小森君美は「井桁崩し」（85ページ参照）を応用したターンを勧めている。２２４ページの写真③のように、外旋させた左手の親指の先をターンする方向（左方向）へ向けることで、肋骨を平行四辺形に変形させる。それによって、身体が左方向へと引っ張られ、膨らみの小さいスムーズなターンが生まれる。

この際、可能ならば、右腕を内旋させることも勧めたい。肋骨がさらに平行四辺形に潰れ、より迅速なターンが可能になる。

これは陸上トラック競技のコーナリングにも応用できるだろう。左方向への身体の牽引感覚と外に飛び出そうとする遠心力が均衡を維持したとき、無駄のないコーナリングが実現できるはずである。

ただし、この「井桁崩し」を応用したターンは、拇指球に依存しない摺り足的な走法から生まれることを忘れてはいけない。

さて、浪速高野球部の「蹴らないで走る（跳ぶ）」トレーニングをザッと見学した後、私はブルペンに足を向けた。

一人の左腕投手が運動靴で投球練習を続けていた。踏み出し足（左足）を見ると、まるで真綿を踏むような柔らかい置き方である。踏ん張りがどこにもなく、踏み足部分の地面にも足跡がついていない。腰と膝の柔軟な使い方が印象的で、生きたボールが捕手のミットに吸い込まれていく。

これも、腹を中心としたエネルギーが、肉体の隅々まで波及した結果なのか。

小林が言う。

「運動靴でも滑らないのは、滑らないような身体操作をしてるからです。膝が柔らかいのも、結果として柔らかくなっている。つまり、足や腕の筋肉を使わせないようにすることで、身体の中心部から四方八方に気が流れる。うちでやっているのは、その下地となるトレーニングということになりますね」

③外旋させた親指の先をターンする方向へ向けることで、肋骨を平行四辺形に変形させる。身体が左方向へ引っ張られ、膨らみの小さいスムーズなターンが生まれる

腰全体が並列的に押し出される「チャップリン歩き」

④腰骨に荷物を乗せて運ぶ

チャップリン歩き

京都大学助教授の小田伸午が、赤子を腰骨に乗せて歩く女性の姿を観察して、「常歩」的な歩行が日常的に行われていることを知ったという話は、第2章で紹介した。

つまり、左右いずれかの腰が後ろに残ることなく、腰全体が並列的に押し出される歩き方だが、この常歩感覚をマスターするためのヒントは、日常の至るところに転がっている。

たとえば、第2章でも触れているように、喜劇映画においては「チャップリン歩き」が常歩感覚のヒントを提供してくれ、街角では「チンピラ歩き」が骨盤からの足のリードという好例を示してくれる（ただし、下半身のみ参考）。

これらの模擬歩行は生活の中で実践できるが、路上で行うのに抵抗があるというのなら、ヒントとなる日常的風景はまだ他にもあるだろう。

赤子を腰骨に乗せることに関連して言えば、引っ越し業者の荷の運び方は参考になるかもしれない。彼らの中で、両足を前後に交差させながら重い荷物を運ぶ者は皆無に近い。肉体的な負担が増すということを体験的に知っているからで、ほぼすべてが常歩的な2本の足を軸とした歩行を行っている。

もっとも、私たちにしても、重い荷物を運ぶときは、知らず知らず常歩になっていることが多い。224ページの写真④は荷物を腰に乗せた状態での歩行だが、横から見ると、左右の腰が交差することなく、前方移動しているのが分かる。また、膝や足先が外側を向き、歩きそのものがガニ股気味になっている。

これらは故意による動作ではなく、荷物を腰骨に乗せた結果として引き起こされた自然な動きである。つまり、股関節から歩を始めるという足の運びであり、これが結果的に素早いターンオーバー（足の前方への切り返し）を実現させるということは、何度も述べてきた通りである。

階段下りトレーニング

このターンオーバーの速さが、「速く走るため」の重要事項ということを考えると、トレーニングの概念も多少変わってくるかもしれない。

これまで有効とされてきたコーチングは、上り坂のダッシュ走。あるいは、階段を2、3段ずつ飛び越えて、駆け上がっていくという瞬発系トレーニングだった。これは、主にふくらはぎ（下腿三頭筋）や腿の前側（大腿四頭筋）、腸腰筋（102・215ページ参照）などを鍛える目的として行われ、したがって筋力トレーニングといった側面を持つ。

しかし、第3章で説明した「浮いた足をどう動かすか」の重要ポイントとは、いったい何だったのか。

繰り返せば、〈①腿を上げて②膝から下を振り出し③それを振り戻す〉という意図的な動きを回避し、〈①腿が上がる②膝から下が振り出される③それが振り戻される〉という結果としての動きを求めなければならない。

そう考えると、坂道や階段を利用したダッシュ走にも、結果としての動きを加味する必要が生じてくるだろう。

前出の小森が、こういう問いかけをしている。

「階段を駆け上がるのが速い人と階段を下りるのが速い人とは、どちらが足が速いか」

小森によると、答えは「階段を下りるのが速い人」だという。

なぜか——。連続的な足の切り返しが結果的であればあるほど、重力をより有効に活用できるという理屈に辿り着くからである。

そこで、階段下りをトレーニング法のひとつとして勧めたい。まずこだわらなければいけないのは、股関節や膝、肩甲帯などの緩み感覚である。それによって、重力に任せた足の連続的な切り返しが可能となり、階段の傾斜に沿った滑るような重心移動が行われる。

ただし、この階段下りには、足を踏み外すという危険性が付き纏うだろう。したがって、試みるときは、踏み外し防止のために手摺に軽く手を置くことを勧めたい。要は重力に足の切り返しをシンクロさせる感覚さえつかめばいいのである。

下り坂ダッシュ走

また、「五体治療院」代表の小山田良治。瞬発系スポーツ選手に対して行っている彼のコーチングのひとつに、下り坂のダッシュ走というものがある。

小山田が説明する。

「うちの治療院の近くに傾斜6度ぐらいの擂《す》り鉢状のコースがありますが、そこをダッシュで下るというトレーニングです。平地でのダッシュになると、スピードを上げられない。そうなると、心拍数が頭打ちになるし、疲労物質である乳酸が溜まりやすくなります。

その点、下り坂のダッシュ走は、足の速い回転を神経細胞に覚えさせることができるし、平地では出せないMAXの心拍数を出せるという効果もある。瞬発力の養成に役立つんですよ。

サッカーの選手、特にFWの選手は長い距離を走ることはない。勝負するのはせいぜい15

メートル前後までですが、その中で爆発的なパワーをいかに持続するかというのが大事になってくるわけです。だから、下り坂を走るときは、平地で15メートルぐらいを走る時間内に収まるよう設定していますね。擂り鉢状コースの上りを利用して止まるので、足への負担も少なくて済みます」

この下り坂ダッシュによる瞬発力の養成が、短距離走にも有効であることは言うまでもない。

大転子

競走。特に100分の1秒を争う短距離走にとって、勝敗を左右する重要なポイントとなるのがスタートである。

腰を折り曲げるクラウチングからのスタートだが、ここで折り曲げるべき腰の位置というのを、もう一度確認したいと思う。

たとえば、前屈運動。このとき、身体はどこから折り曲げられなければならないのか。「背中から折れ曲がる」「腰の上から折れ曲がる」と、思い込んでいる人もいるかもしれない。だが、それらはやや的が外れた答えである。解剖学的に言うと、折れ曲がるのは股関節の付け根（鼠蹊部《そけい》）からでなければならない。短距離走のスタートでもこの鼠蹊部を折り曲げるクラウチング姿勢をとる必要がある。

前出の小森によると、その際の意識付けとして必要になってくるのが、大腿骨の両サイドにある、いわゆる〝大転子《だいてんし》〟と呼ばれる部分だという（215ページのイラスト参照）。この部分を意識した鼠蹊部からの折り曲げ感覚が、爆発的なスタートを生むことになる。

231ページの写真⑤は背中を折り曲げたスタートダッシュを正面から邪魔されているものである。瞬発力がまったく働かず、簡単に跳ね返されているのが分かる。

それに対して、写真⑥は大転子を意識した鼠蹊部からのクラウチングスタートである。下から突き上げるような爆発的な威力で、今度は邪魔する側が見事に跳ね飛ばされている。

この大転子が、いかに強いエネルギーを身体に漲《みなぎ》らせるか。写真⑦のように、上から身体を押さえつけられてもまるでビクともしない。大転子を活用する動作を身につけるためには、壁に正対して垂直に腰を沈めるというストレッチ（232ページ写真⑧）をまず勧めたい。腰の上や背中から上体を曲げようとすると、写真⑨のように身体は後方に倒れてしまう。

あくまでも、大転子への意識づけによって、鼠蹊部を折り曲げて身体を沈めるのがポイントである。

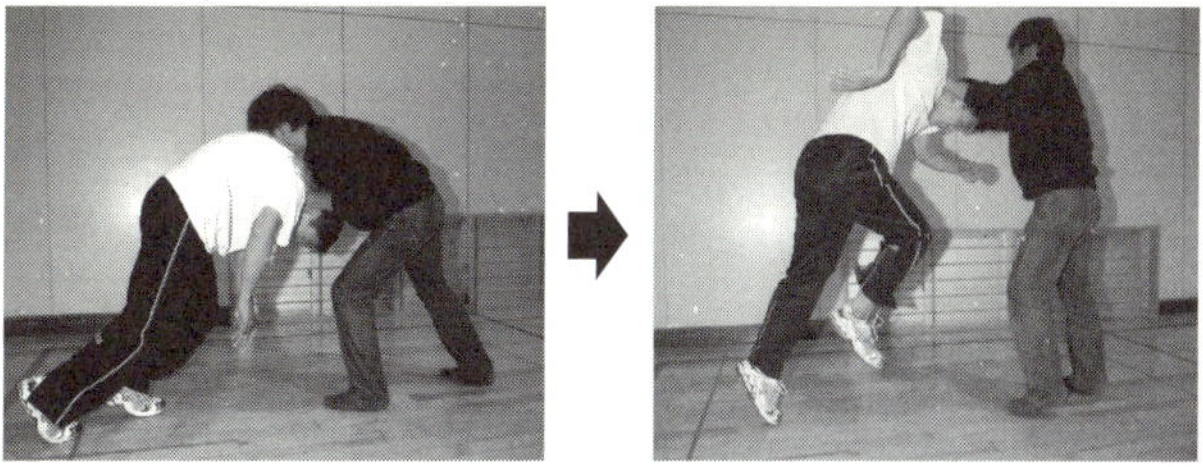

⑤背中を折り曲げたスタートダッシュは、正面から簡単に跳ね返せる

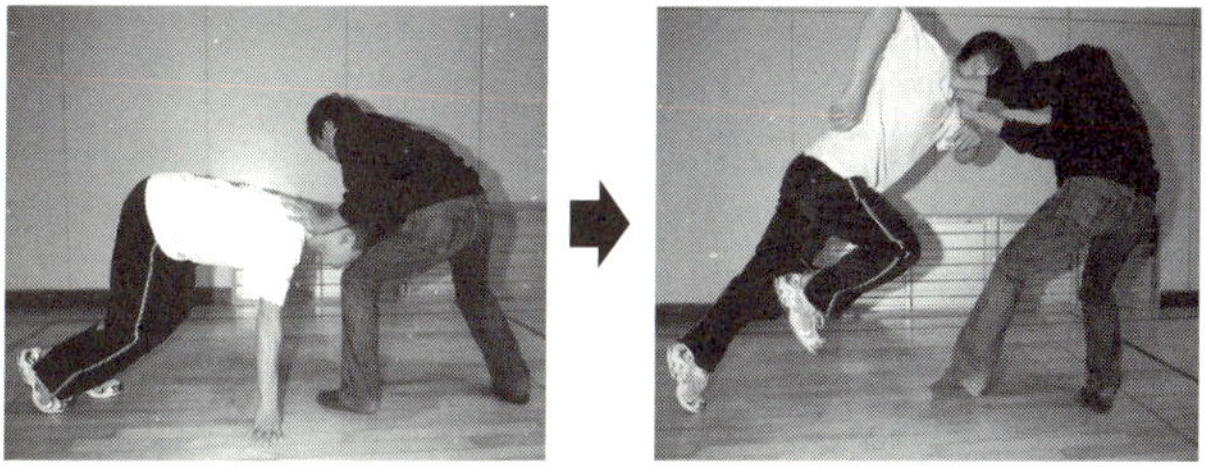

⑥大転子を意識した鼠蹊部からのスタートダッシュは、押さえることができない

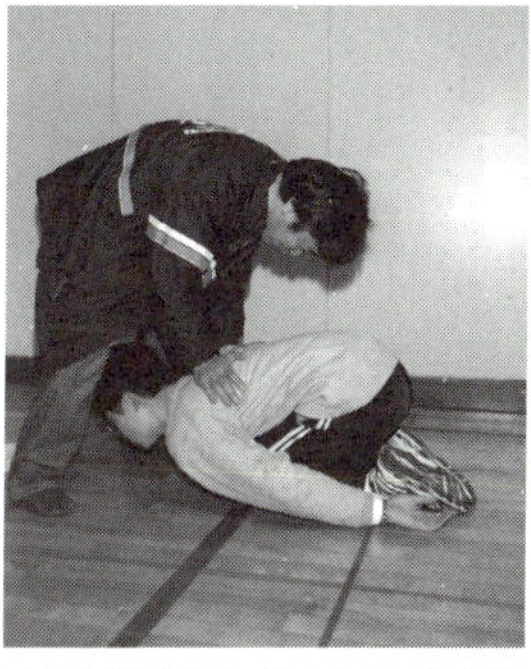

⑦上から身体を押さえつけられてもビクともしない

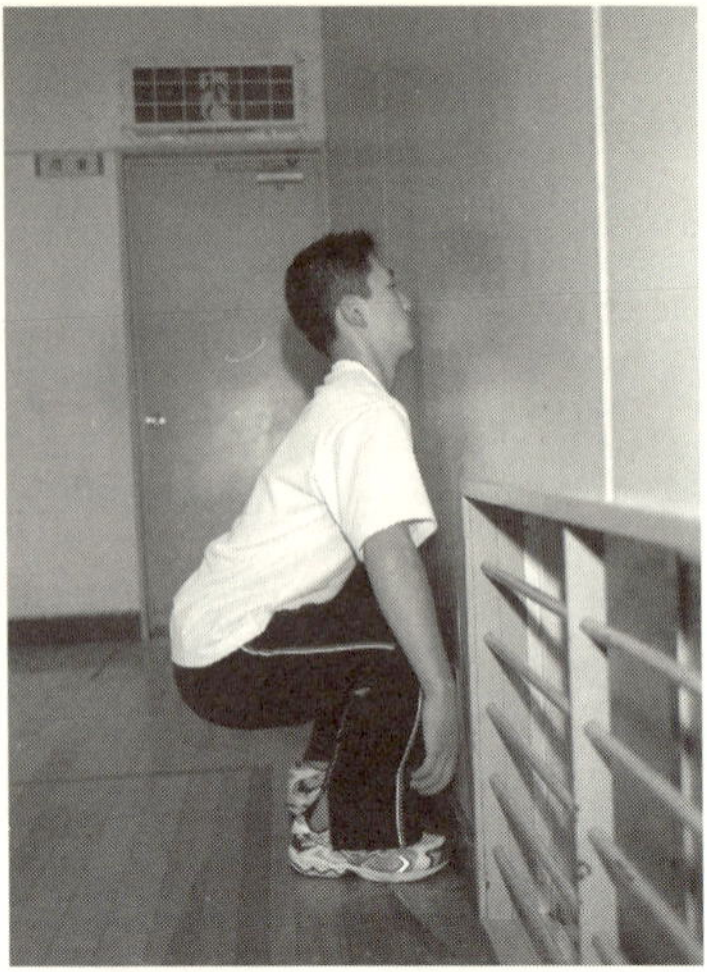

⑧壁に正対して垂直に腰を沈めるストレッチ。これで大転子を活用する動作を身につける

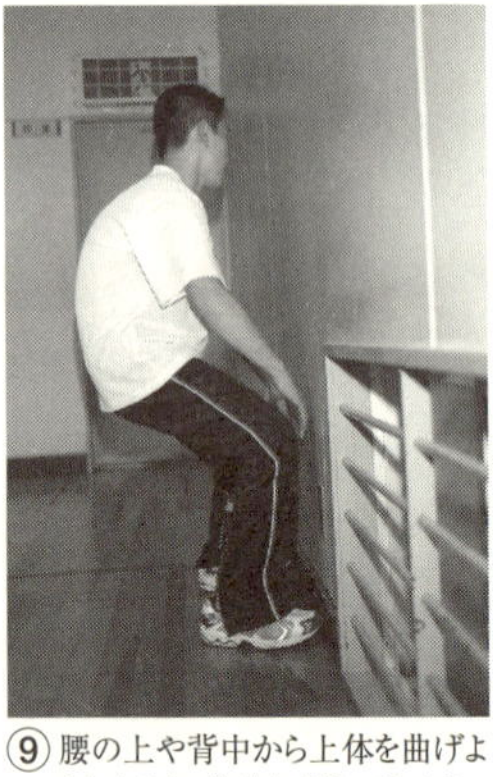

⑨腰の上や背中から上体を曲げようとすると、後方に倒れてしまう

〈抜き〉感覚を身につける

一方、走りのパフォーマンス向上において、無視できないのが〈抜き〉感覚である。

本書の前半で二軸走法の身体運用について書いた。骨盤の幅を維持したまま、身体の左右への軸の移し替え（体重移動）によって足を運ぶという走法だが、その際の身体のヤジロベー化を防ぐのが、遊脚（浮いているほうの足）側の〈抜き〉という要素である。

詳しくは、81ページに目を通してもらいたいが、前出の小田によると、この〈抜き〉感覚は意識して会得できるものではないという。

つまり、ここでは〈抜き〉感覚を身に染み込ませるためのストレッチが必要になってくる。手っ取り早いのが、階段の段差を利用したストレッチである。２３４ページの写真⑩は身体の左サイドに体重を預けたヤジロベー的な体勢だが、ここから右半身に〈抜き〉の要素を加味すると、写真⑪のような体勢になる。

ポイントは右肩と右腰を〈抜く〉ように落とすことだが、この際、支持脚である左足の膝もやや緩めることが重要になっている。これによって、肋骨が平行四辺形に変形し、肩や腰のラインも水平になる。その平行四辺形の左右交互の切り替えが身体のヤジロベー化を制御し、前方への平面的な推進力を加速させていく。

⑩ 身体の左サイドに体重を預けたヤジロベー的な体勢

⑪ 写真⑩の右半身に〈抜き〉を加えると、こうなる

肩甲帯を緩めてジョギング

さらに、効率的な走りを可能にする条件として不可欠なのが、肩甲帯の〈緩み〉という要素である（第2章参照）。肩甲帯とは、肩甲骨、肩関節、胸鎖関節（肋骨と鎖骨の間の関節）の総称だが、緩めることによって、それらがすべて動く状態を作ることができる。

自然な〝腕振り〟が前後の動きではなく、どちらかというと上下の動きであることは、すでに説明した。つまり、走歩行などで前方への慣性力が加わると、腕は後ろから前へと送り出されるような格好になり、それが走歩行における自然な腕の動きということになるだろう。

では、肩甲帯を緩めるとは、どういう感覚なのか。体育教育などで私たちは「走るときは胸を張って顎を引け」と教えられてきたが、肩を落とした楽な立位の姿勢から、試しに胸を張って顎をグッと引いてもらいたい。

すると、鎖骨周辺が硬直し、肩甲骨が上に引っ張られる。つまり、肩甲帯が一瞬にして、緊張するのが分かるだろう。

その状態から顎を軽く突き出してみると、どうなるか。肩甲帯全体がストンと落ち、途端にリラックスできるはずである（77ページ参照）。これは、胸鎖乳突筋（鎖骨周辺にある筋肉）の緊張を解放した結果生まれる肩甲帯の〈緩み〉で、走歩行では顎を軽く突き出すことがパフォーマンスを上げるひとつの鍵となる。

まずは、この状態でのジョギングを勧めたい（237ページ写真⑫）。顎を軽く突き出し、肩甲帯の緩み感覚を味わうためのジョギングである。その感覚を味わいつくしたら、今度は下半身の緩み感覚に軽く意識を向ける。すなわち、上記した遊脚側の半身の〈抜き〉と接地足の膝の〈緩み〉感覚である。最終的にはこれらを自然に行えるようになればいいが、私の個人的な経験から言うと、全身のリラックスさえ忘れなければ、わりと簡単に会得できる感覚かもしれない。

また、写真⑬は、いわゆる「皿回し」である。掌の上に乗せた物を落とさないように、身体の側面で回すというものだが、慣れてくると、写真のように左右の動きをずらして回すことができるようになる。

小森によると、これらのストレッチによって肩甲骨の可動域が広がるだけでなく、「普段使ってない肩甲骨や肩関節のインナーマッスルを目覚めさせることができる」という。インナーマッスルとは骨周辺の筋肉群だが、それらの多くを活性化させることによって、身体各部位のスポーツパフォーマンスへの〝全員参加〟を、より促進させることができる。

前方への慣性力によって、後ろから前へと送り出される自然な腕の動き

⑬ 皿回し

⑫ 肩甲帯の脱力感覚を味わうための、
顎を軽く突き出したジョギング

コツをつかむ

骨ということに関連して言えば、「コツをつかむ」ことが大事である。この場合の「コツ」は言うまでもなく「骨」を意味しており、したがって高度な運動パフォーマンスを可能にするためには、「骨の動きを把握して、それに筋肉を連動させる」という発想が不可欠になってくる。

たとえば、肩甲骨。これは、肩関節や鎖骨、背骨など他の骨と繋がっているわけではなく、肋骨に引っかかるような格好で、腱や筋によって肋骨の上を漂っている骨片である。つまり、分離した存在で、トレーニング次第で独自な動きが可能な部位ということになる。

215ページの骨盤のイラストを見てもらいたい。骨盤と言えば、ひとつの骨の塊(一枚骨)だと思い込んでいた人もいるかもしれない。しかし、図にあるように、骨盤とは主に仙骨と左右2枚の腸骨から成り立っている。

第2章で一流スプリンターの接地足の股関節について触れた。つまり、接地側の股関節は外旋しており、離地後に内旋しながら再び外旋状態で戻ってくるという内容である。

言葉を換えれば、これは左右の腸骨が交互に開いたり閉じたりしていることでもあり、股関節の外旋、内旋といったストレッチも、より効率的な走りを実現するための前段階的な要素となる。

代表的なのが、相撲の四股や股割りだが、まず最初に２４０ページの写真⑭のような基本的なストレッチから始めるべきだろう。ただし、漫然と爪先の内外旋を繰り返すのではなく、腸骨が開いたり閉じたりしているのを実感しながら行う必要がある。

浪速高校野球部では、骨盤や肩甲骨の柔軟性が促されるトレーニングを多く取り入れている。写真⑮はバランスボードを利用したトレーニングだが、これによって骨盤や肩甲骨、体幹の柔軟性が増し、身体の調整力が向上していく。

身体の調整力を鍛えるためには、バランスボールも効果的な道具となる。２４１ページの写真⑯は上半身と下半身の分離感覚を促進するためのエクササイズのひとつである。これによって仙腸関節の筋肉の癒着がとれ、上半身（胸のあたり）を空間が受け持つという〈浮き〉感覚をわりと早く会得できるようになる（１１４ページ参照）。

写真⑰は、バランスボールの上で正座した状態から、飛び上がって同ボールの上に立つというトレーニングである。これは、文字通りの〈浮き〉感覚を駆使しなければ、なかなかうまくいくものではない。

また、〈浮き〉と言えば、すでに紹介したように東大大学院助教授の渡会が、阿波踊りの

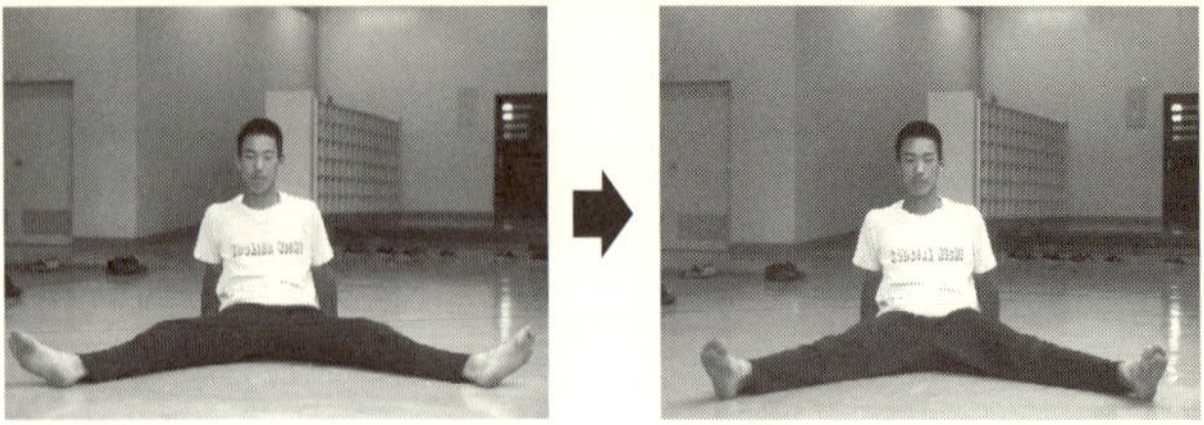

⑭腸骨が開いたり閉じたりするのを実感しながら、爪先の外旋内旋を繰り返す

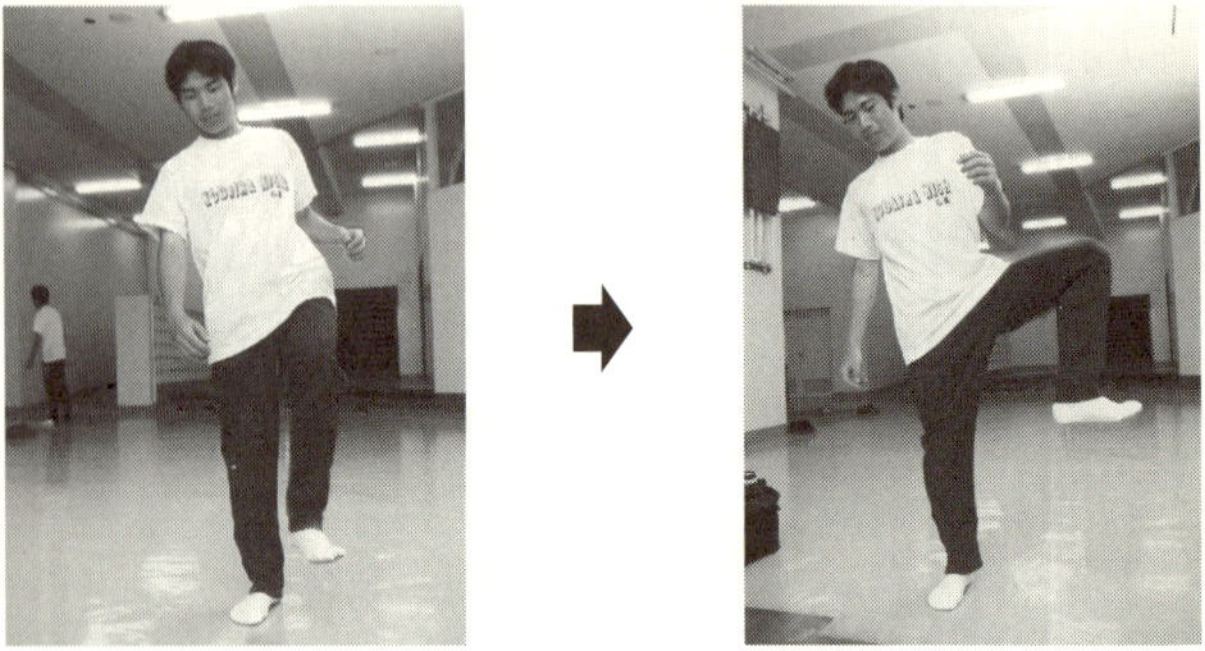

立った状態でのストレッチも有効

⑮ バランスボードを使ったトレーニング

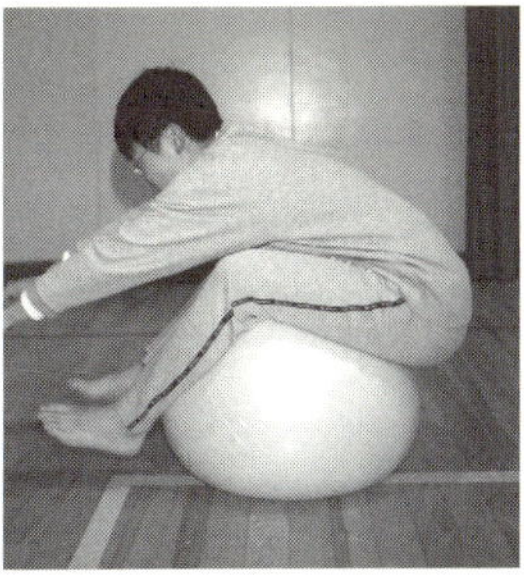

⑯バランスボールを使って上半身と下半身の分離感覚を促す

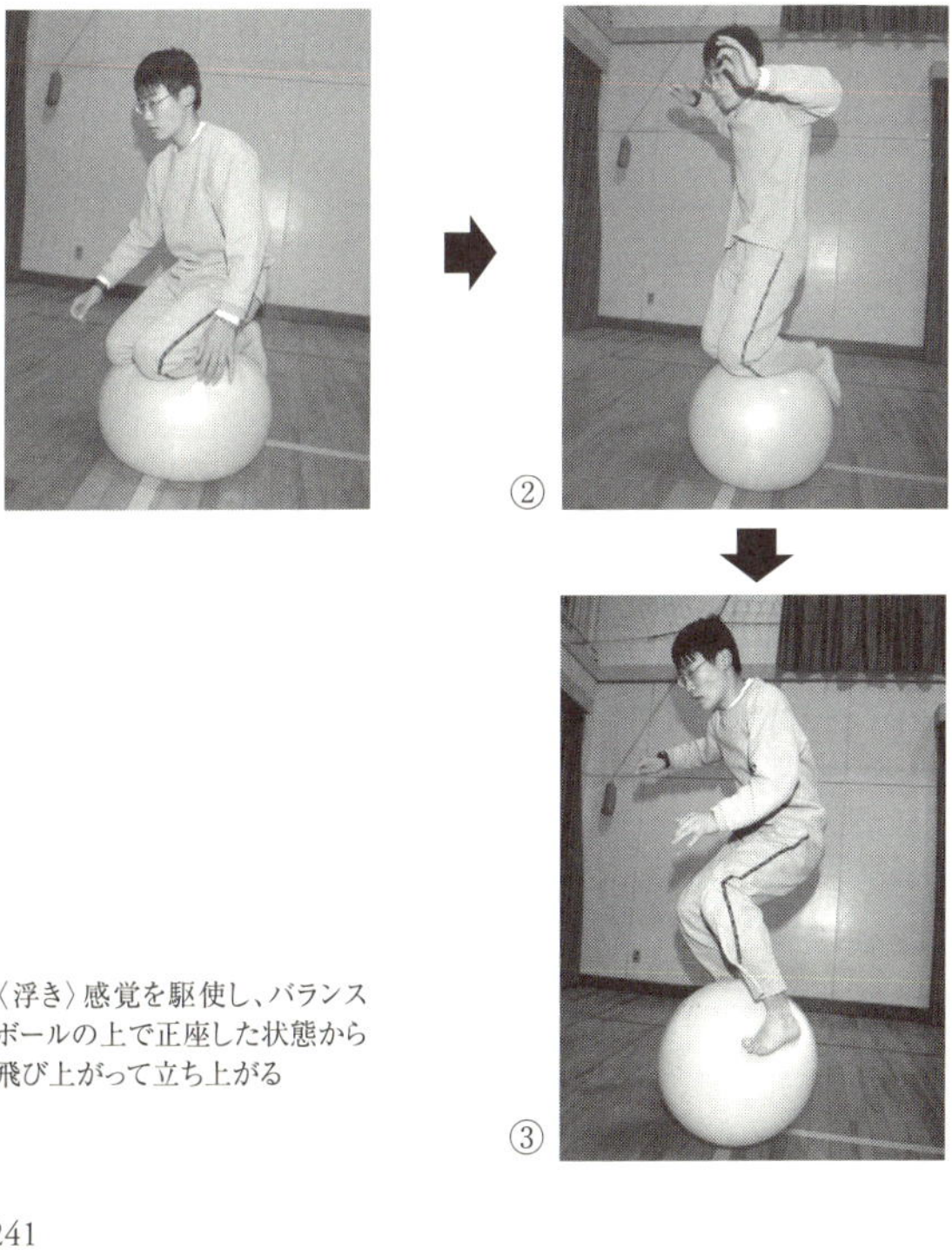

①

②

③

⑰〈浮き〉感覚を駆使し、バランスボールの上で正座した状態から飛び上がって立ち上がる

ような歩きを勧めている。繰り返すと、右足を出したときに右腕を突き上げ、左足を出すときに左腕を突き上げるというナンバ的な歩行だが、ここにも〈浮き〉の要素が絡んでくる。腕を突き上げることは、すなわち、重力を中和させるような所作と言ってよく、忍者の〈浮き足〉とも通じるところがあるだろう。

小森によると、この〈浮き〉感覚をマスターすると、走ることだけではなく、走り幅跳びやハイジャンプなどの跳躍競技でも効力を発揮するという。

走り幅跳びで言えば、あの〝空中走り〟も可能になるかもしれない。

以上、効率的な走りを実現するためのトレーニングやエクササイズを紹介してきた。言うまでもなく他にも星の数ほどの方法があり、本著で紹介したのはその一部である。

しかし、次元の違う「速さ」を獲得するためには、身体の技法やトレーニング法だけに目を向ければいいというわけではない。コンディショニングやメンタル面など他の分野にも関心を払わなければならず、ここにもスポーツの奥深さ、ひいては人体の妙を垣間見ることができるだろう。

小山田が締め括る。

「人間の身体には内圧と外圧というものがかかっています。高気圧がきていると、内圧と外圧はイーブンに保たれますが、低気圧がくると、内圧が若干高くなります。

こういうときに瞬発系のトレーニングをすると、乳酸の抜けが悪くなり、身体が浮腫《むく》んでしまう。回復までの時間がかかってしまい、本番に疲れを持ち越すという事態を招きかねない。これでは、せっかくのトレーニングも無駄になるわけです。

だから、トレーニングをプログラムするときは、低気圧がどのぐらいの日数で迫ってくるかといった計算も必要になってくるんですよ」

文中・敬称略

参考文献

『運動科学　アスリートのサイエンス』小田伸午著（丸善）
『身体運動における右と左』小田伸午著（京都大学学術出版会）
『本当のナンバ　常歩』木寺英史著（スキージャーナル）
『身体の零度』三浦雅士著（講談社選書メチエ）
『コーチ論』織田淳太郎著（光文社新書）
『ナンバ走り』矢野龍彦、金田伸夫、織田淳太郎著（光文社新書）
『足の裏は語る』平沢弥一郎著（筑摩書房）
『格闘Kマガジン』２００２年10月号
『週刊現代』１９８２年６月５日号
『週刊プレイボーイ』２００２年３月５日号
『トレーニングジャーナル』２００１年５月号

織田淳太郎（おだじゅんたろう）
本名・石塚紀久雄。1957年北海道生まれ。ノンフィクション、小説の分野で活躍中。著書に『「首都高に散った世界チャンプ」大場政夫』（小学館文庫）、『敗者復活戦』（共著・東京書籍）、『巨人軍に葬られた男たち』（新潮文庫）、『審判は見た！』（新潮新書）、『ジャッジメント』『トレーナー』（いずれも中央公論新社）、『論争・長嶋茂雄』（共編・中公新書ラクレ）、『捕手論』『コーチ論』『ナンバ走り』［共著］（以上、光文社新書）、『もう一度あるきたい』（文春ネスコ）など。最近は人間心理の分野も手がける。

ナンバのコーチング論《ろん》 次元《じげん》の違《ちが》う「速《はや》さ」を獲得《かくとく》する

2004年12月20日初版1刷発行

著　者――織田淳太郎
発行者――加藤寛一
装　幀――アラン・チャン
印刷所――萩原印刷
製本所――ナショナル製本
発行所――株式会社光文社
東京都文京区音羽1　振替00160-3-115347
電　話――編集部03(5395)8289　販売部03(5395)8114
業務部03(5395)8125
メール――sinsyo@kobunsha.com

 ISBN 4-334-03282-6

165 **ブッダとそのダンマ**
B・R・アンベードカル
山際素男 訳
インド仏教徒1億人のバイブル。不可触民解放の父・アンベードカルが死の直前まで全身全霊を込めて執筆した歴史的名著。インド仏教復興運動は本書から始まった。

166 **オニババ化する女たち**
女性の身体性を取り戻す
三砂ちづる
行き場を失ったエネルギーが男も女も不幸にする!? 女性保健の分野で活躍する著者が、軽視される性や生殖、出産の経験の重要性を説き、身体の声に耳を傾けた生き方を提案する。

167 **経済物理学《エコノフィジックス》の発見**
高安秀樹
カオスやフラクタルという物理の理論が経済分析にも応用できることが証明され、新たな学問が誕生した。経済物理学の第一人者が、その最先端の研究成果を中間報告する。

168 **京都料亭の味わい方**
村田吉弘
「料亭は本来飯屋であり、敷居の高いところではありません。普通の人が、ちょっと贅沢しよか、という時に行ける場所です」——京都「菊乃井」の主人が語る、料亭の魅力のすべて。

169 **フランク・ロイド・ライトの日本**
浮世絵に魅せられた「もう一つの顔」
谷川正己
二〇世紀を代表する建築家が日本で得た重要なヒントとは？ 今日的問題を先取りした建築と浮世絵との意外な接点とは？ ライト研究の第一人者が今まで論じられなかった素顔に迫る。

170 **「極み」のひとり旅**
柏井壽
あるときは豪華客船で、あるときは各駅停車で、あるときは高級旅館で、あるときは安ビジネスホテルで——。一年の大半を旅に費やす著者が明かす、ひとり旅の極意とは？

171 **江戸三〇〇藩 バカ殿と名君**
うちの殿さまは偉かった？
八幡和郎
〝世直し〟の期待を背負って、三〇〇藩の殿さまたちは、なにを考え、どう行動したのか？ 放蕩大名や風流大名から名君中の名君まで、江戸の全時代から選りすぐりの殿さまを紹介。

172 スティグリッツ早稲田大学講義録
グローバリゼーション再考
藪下史郎 荒木一法 編著
グローバリゼーションは世界を豊かにしているのか。IMFが推奨する自由化政策は、アメリカだけが富めるシステムだ。ノーベル賞学者の講義を収録、その理論的背景を解説する。

173 「人間嫌い」の言い分
長山靖生
人間嫌いを悪いものだとばかり考えず、もっとポジティブに評価してもいいのではないか。変わり者の多かった文士の生き方等を引きながら、煩わしい世間との距離の取り方を説く。

174 京都名庭を歩く
宮元健次
日本一の観光地・京都でとりわけ見所の多い珠玉の庭園群。最新の研究成果を盛り込みながら、世界遺産を含む27名庭を新たな庭園観で描く。〈庭園リスト・詳細データ付き〉

175 ホンモノの温泉は、ここにある
松田忠徳
二〇〇四年の夏、日本列島で相次いだ温泉の不祥事。その根っこはいったいどこにあるのか？ 問題の所在と解決策を、温泉教授が解きほぐす。源泉かけ流し温泉130カ所を紹介。

176 座右の諭吉
才能より決断
齋藤孝
「浮世を軽く見る」「極端を想像す」「まず相場を知る」「喜怒色に顕わさず」——類い希なる勝ち組気質の持ち主であった福沢諭吉の珠玉の言葉から、人生の指針を学ぶ。

177 現代思想のパフォーマンス
難波江和英・内田樹
現代思想は何のための道具なの？ 二〇世紀を代表する六人の思想家を読み解き、現代思想をツールとして使いこなす技法をパフォーマンス（実演）する。

178 ドコモとau
塚本潔
携帯電話業界で圧倒的なシェアを誇るドコモと、それを猛追するau。両社の関係者に密着取材しながら、日本の携帯電話市場の知られざる全貌と、日本のモノづくりの底力を探る。